LEXIGUIDE DES
LAPINS

ISBN pour cette édition : 978-2-7532-0080-7

ISBN de l'édition originale : 3-89836-504-2
Textes originaux : Heidrun Eknigk

Réalisation : InTexte Édition, Toulouse
Traduction de l'allemand : Vincent Lepalestel
Couverture : Aurore Bourbier

Imprimé en Chine

Achevé d'imprimer : juin 2007
Dépôt légal : 2e trimestre 2007

LEXIGUIDE DES
LAPINS

ELCY EDITIONS

Crédits photographiques

Heidrun Eknigk : p. 8, 9, 15, 18, 21, 22, 23, 27, 35 ; Inge Frasch : p. 36, 73 ; Willem Hoekstra : p. 37, 40, 41, 49, 51, 53, 71, 111, 115, 119, 125, 137, 139, 143, 145, 147, 189, 203, 211, 221, 243, 257, 263, 265, 273, 275, 285 ; Renate Regitz : p. 245 ; Heinz Röber : p. 6 ; Josef Wolters: S. 39, 43, 47, 55, 57, 59, 61, 63, 65, 67, 69, 75, 77, 79, 81, 83, 85, 87, 89, 91, 93, 95, 97, 99, 101, 103, 105, 107, 109, 113, 117, 121, 123, 127, 129, 131, 133, 135, 141, 149, 151, 153, 155, 157, 159, 161, 163, 165, 167, 169, 171, 173, 175, 177, 179, 181, 183, 185, 187, 191, 193, 195, 197, 199, 201, 205, 207, 209, 213, 215, 217, 219, 223, 225, 227, 229, 231, 233, 235, 237, 239, 241, 247, 249, 251, 253, 255, 259, 261, 267, 269, 271, 277, 279, 281, 283.

SOMMAIRE

INTRODUCTION

Du lapin sauvage à l'animal domestique

Le lapin domestique, ainsi que tous les lapins de race actuels, descendent du type sauvage européen (*Oryctolagus cuniculus*) ; cet animal n'est pas un rongeur mais appartient à la famille des lièvres et des lapins (*Leporidae*). Selon des sources historiques, ce sont des marins phéniciens qui, en explorant l'Espagne, découvrirent le lapin sauvage il y a environ trois mille ans et s'en nourrirent dès cette époque. Sa domestication remonte à il y a environ deux mille ans.

À l'inverse des lapereaux sauvages, les levrauts sont nidifuges.

Les Romains, qui les consommaient et en appréciaient la fourrure, maintenaient les lapins sauvages dans des enclos appelés *leporarium* ; ce confinement facilitait leur reproduction. Ce n'est qu'aux environs de l'an 1000 de notre ère que commença la domestication proprement dite, ce surtout par des moines français et allemands, lesquels s'appliquèrent à sélectionner les animaux selon des critères de docilité et d'adaptabilité. En Allemagne, c'est au XIIe siècle qu'on mentionne pour la première fois l'existence de lapins d'élevage et vers la fin du XIXe siècle, cette pratique s'était répandue partout dans le monde.

L'existence de lapins sauvages au pelage noir, roux, tacheté, plus rarement blanc, à des époques antérieures à la domestication, est ponctuellement attestée par de vieux ouvrages de sciences naturelles ou de littérature, ou encore par des gravures ou des peintures. Néanmoins, dans leur milieu naturel, les animaux ne peuvent vraiment survivre que si, sélection naturelle aidant, leur robe a acquis des teintes garantissant le camouflage ; il est évident que toute autre couleur de fourrure ne peut que faciliter le repérage par les prédateurs…

Mode de vie du lapin sauvage

Les lapins sauvages vivent au sein de colonies s'étendant sur des territoires pouvant aller jusqu'à 20 hectares, régies par une hiérarchie très stricte, au sommet de laquelle on trouve un mâle dominant ; les individus extérieurs au groupe n'y sont pas tolérés. Les femelles en chasse ou gravides creusent des galeries et des terriers destinés à accueillir leurs lapereaux et à faciliter leur travail de mères.
L'accouplement n'est pas tributaire de la saison. La gestation dure de trente à trente-deux jours, et ce sont quatre petits que la lapine met bas en moyenne : ils viennent au monde complètement nus, aveugles et sourds, et sont nidicoles. Ils ne commencent à voir et à entendre qu'au bout d'une dizaine de jours. S'ils quittent leur nid vers trois semaines et se mettent à se nourrir d'aliments solides, ils ne sont totalement indépendants de leur mère qu'au bout de huit semaines. Ils atteignent leur maturité sexuelle à cinq mois environ.
Les lapins sauvages sont à la fois sociables et très craintifs : dès que l'un d'entre eux flaire un danger, il en avertit aussitôt ses congénères en tambourinant le sol de ses pattes postérieures à un rythme très rapide ; ceux-ci perçoivent ce signal même s'ils se trouvent très loin de la colonie.
En matière de nourriture, les lapins ne sont pas très exigeants, puisqu'ils consomment aussi bien des végétaux verts que du foin, des herbes tendres que des plantes coriaces ou des branches. C'est surtout parmi les individus plus âgés qu'on en trouve atteignant des poids de 3 kg et des longueurs de 30 cm.

Les caractéristiques biologiques essentielles

À l'observation des animaux actuels, domestiques ou de race, on constate de grands changements par rapport à l'animal sauvage. Il est bien souvent difficile de reconnaître le petit lapin sauvage d'antan dans les races homologuées d'aujourd'hui. Citons à titre d'exemple les lapins géants allemands, qui peuvent atteindre jusqu'à 6 kg… Comment expliquer une telle évolution ? Ce n'est qu'avec l'apparition de l'élevage en enclos que les critères biologiques héréditaires ont cessé d'obéir aux lois de Darwin : ainsi les couleurs variables de la robe, les structures de pelage – la taille, du nain au géant – et la forme ou la position des oreilles. Volontairement ou non, l'homme favorisa donc l'apparition de divergences qui dans un premier temps se cantonnèrent à l'élevage confiné ; plus tard, les mutations spontanées qu'il observait lui donnèrent l'idée

L'anatomie du lapin
1. front ; 2. chanfrein ;
3. narines ; 4. lèvres ;
5. gorge ; 6. joue ;
7. nuque ; 8. cartilages des omoplates ;
9. omoplates ;
10. dos ; 11. lombes ;
12. flanc ; 13. croupe ;
14. talon ; 15. métatarse ;
16. doigts postérieurs ;
17. abdomen ; 18. coude ;
19. avant-bras ; 20. doigts antérieurs ;
21. bras ; 22. poitrail.

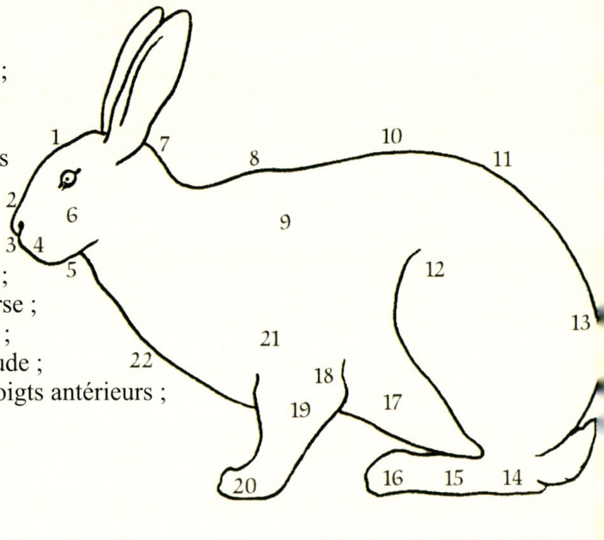

de passer à une sélection ciblée en clapiers. Cela présentait l'avantage de canaliser les variations génétiques en les conservant d'une génération sur l'autre, ce qui rendait les mutations pérennes. En outre, en les combinant, il put obtenir un nombre croissant de nouvelles races fort éloignées du lapin de départ. De nos jours, les croisements se poursuivent et de nouvelles caractéristiques apparaissent : le belge à barbiche ou le satin angora en sont de bons exemples.

Squelette du lapin

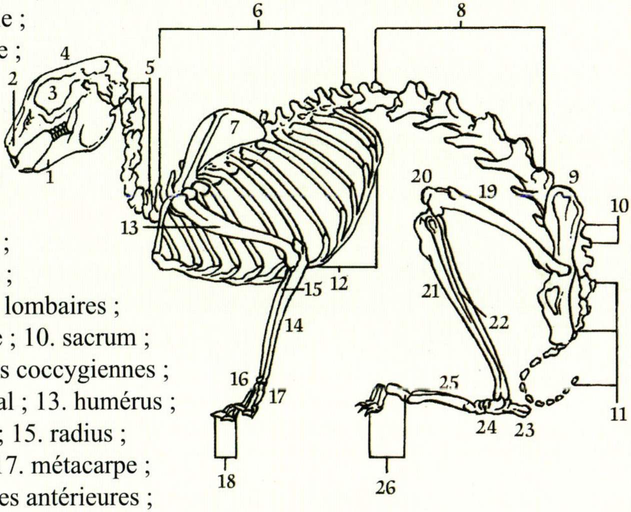

1. mandibule ;
2. maxillaire ;
3. orbite ;
4. crâne ;
5. vertèbres cervicales ;
6. vertèbres thoraciques ;
7. omoplate ;
8. vertèbres lombaires ;
9. os iliaque ; 10. sacrum ;
11. vertèbres coccygiennes ;
12. arc costal ; 13. humérus ;
14. cubitus ; 15. radius ;
16. carpe ; 17. métacarpe ;
18. phalanges antérieures ;
19. fémur ; 20. rotule ; 21. tibia ;
22. péroné ; 23. calcanéum ; 24. tarse ; 25. métatarse ;
26. phalanges postérieures.

Les modes d'élevage

Le point de vue des éleveurs

Les modes d'élevage du lapin diffèrent selon les amateurs et les éleveurs. Ces derniers, lorsqu'ils sont regroupés en association, ont pour souci principal de conserver au mieux les caractères génétiques selon les critères spécifiques de chaque race. Ils séparent les lapereaux de leur mère à l'âge de huit semaines ; en fait, ce sevrage correspond à celui de leurs congénères en liberté, lesquels commencent à subvenir seuls à leurs besoins à ce stade de leur croissance. Le règlement impose que les oreilles des jeunes lapins soient tatouées et que leur numéro matricule soit consigné dans deux registres, l'un officiel et l'autre appartenant à l'association dont ressortit l'élevage.

L'isolement des animaux n'est pas pratiqué de la même manière partout : certains séparent mâles et femelles au bout de dix à douze semaines, d'autres les séparent immédiatement, en attribuant un clapier par lapin. Cette dernière solution à l'avantage d'éviter les combats de mâles au moment du rut, les morsures pouvant être dangereuses. En outre, en cas de maladie, l'isolement est un rempart efficace à la contagion, pour peu que les éleveurs soient avisés en la matière. Il en est qui laissent courir les animaux pendant de brefs laps de temps ; ce faisant, ils tiennent compte du caractère de chacun, en veillant là aussi à éviter les bagarres. En matière d'élevage, les différentes associations opèrent de façon à peu près identiques d'un pays à l'autre, qu'il s'agisse du mode de confinement, du tatouage ou de l'élevage proprement dit.

Le point de vue des cunicophiles

Il y a longtemps qu'on apprécie les lapins de compagnie au même titre que les chiens et les chats, et ces animaux sont loin de subir les impératifs inhérents à l'élevage. En appartement, les lapins se voient

attribuer une cage, un territoire aménagé spécialement pour eux, ou encore un petit bout de terrain à l'extérieur. Les professionnels voient pourtant ces pratiques d'un mauvais œil, étant d'avis que les enclos sont fréquemment trop exigus, eu égard au nombre de lapins qu'on y laisse gambader.
Nombre de cunicophiles pensent qu'il est bon pour leurs animaux favoris de cohabiter en couple ou à plusieurs, ignorant que des croisements intempestifs peuvent compromettre définitivement la pureté de la race. Ce genre d'élevage non professionnel, qui dénote une incompétence manifeste, conduit certes à l'apparition de structures pileuses, de couleurs ou de motifs intéressants, mais il est malheureusement responsable de tares et d'anomalies héréditaires durables. Bien sûr, il existe aussi des propriétaires consciencieux, se contentant d'un seul lapin d'appartement et ne le laissant jamais gambader dehors sans surveillance : ces animaux sont nettement moins stressés que leurs congénères contraints à vivre en groupe.
Les mâles non castrés sont d'ailleurs à bannir de ces communautés de lapins ; en effet, les combats provoqués par les velléités de domination commencent fréquemment avant la maturité sexuelle, plus précisément à l'âge auquel on pratique la stérilisation. Quant aux lapines, que l'on trouve si « mignonnes et gentilles », elles peuvent également être de petites pestes belliqueuses dès qu'elles arrivent à la puberté. Plus les bêtes vivent les unes sur les autres, plus l'agressivité augmente, fait que beaucoup d'amateurs ignorent ; ils font de l'anthropomorphisme caractérisé, sont convaincus que le leur « lapin en peluche » n'a besoin que d'être câliné et nourri, et sont à mille lieux de s'imaginer qu'ils le rendent malade à la longue.
Cependant, s'il leur en faut absolument plusieurs, ils auront plus de satisfaction et moins de problèmes avec un couple constitué d'une lapine et d'un mâle castré. La cohabitation avec des cochons d'Inde est fréquente ; il importe alors de créer une communauté de très jeunes

animaux, afin que, de bonne heure, chacun se familiarise avec le langage corporel de l'autre espèce. Précisons néanmoins qu'en matière d'accoutumance, toutes les expériences ne sont pas couronnées de succès, et qu'on ne peut garantir aux amateurs que telle ou telle combinaison sera plus viable qu'une autre, qu'il s'agisse de groupes de lapins seuls ou de groupes mixtes, lapins et cochons d'Inde.

À considérer avant tout achat de lapin

Grâce à une longue tradition d'élevage, plus de cent cinquante races de lapins ont vu le jour, leur robe rivalisant de beauté, certaines couleurs remarquables s'étant imposées comme caractéristiques d'une création déterminée. On a le choix entre grandes, moyennes et petites tailles, mais aussi entre différentes variétés de lapins nains ou de races dont les critères sont basés sur la structure du pelage. Lors d'expositions, les visiteurs sont émerveillés par toutes sortes de robes tachetées ou par ce qu'on appelle les lapins béliers, si particuliers avec leurs longues oreilles tombantes. Et une fois qu'un éleveur de lapins de race a remporté un concours de beauté, la coupe qu'il a gagnée va rejoindre dans son salon une longue série de trophées…
Pour qui commence un élevage de lapins de race, il est indispensable de se procurer toutes sortes d'informations ; le mieux est d'aller fréquenter les foires-expositions et d'y prendre contact avec des professionnels, ou encore de se rendre dans un club d'éleveurs du voisinage ; en tant que novice, on y est accueilli avec gentillesse. On trouve également toutes sortes d'excellents ouvrages de référence permettant de se lancer dans l'élevage sans trop de risques. Que vous soyez éleveur en herbe ou juste propriétaire d'un lapin pour votre plaisir, si vous avez le sens des responsabilités et que vous voulez vous y prendre au mieux, vous vous devez de respecter deux points :

- veillez à ce que le ou les lapins soient nourris en fonction de leur na-

ture et de leurs besoins, à vous en occuper en respectant les conditions d'hygiène et les normes en matière de protection des animaux, et en tenant compte des critères comportementaux spécifiques ;
- veillez à ce que la liberté de mouvements inhérente à la race de l'animal ne soit en aucune façon entravée, ce qui pourrait occasionner des douleurs, des souffrances ou des dommages.

Lorsqu'on parle d'habitat conforme, il n'est pas question de la fréquence à laquelle on va laisser courir le lapin et dans quelles conditions, mais bien plus de la taille de l'espace (clapier, enclos) dans lequel il va devoir vivre et se mouvoir sans avoir à souffrir d'exiguïté.

Le lapin comme animal de compagnie

Ce qui suit concerne moins les éleveurs professionnels que les amateurs qui entendent entourer leur animal d'attentions et de soins appropriés, surtout lorsque c'est en appartement ; il s'agit d'une série de conclusions auxquelles on est arrivé à force de cohabitation, et qui peuvent être formulées sous forme de questions. Ai-je l'intention :
- d'acquérir les connaissances nécessaires à une cohabitation qui tiendra compte des impératifs liés à la nature de mon futur locataire ?
- de partager mes loisirs au quotidien avec lui ?
- de m'occuper de lui pendant au moins douze ans (car un lapin peut fort bien vivre aussi longtemps) ?
- de faire procéder, tous les ans, et par un vétérinaire, aux vaccinations obligatoires – l'expérience montrant que si cette prestation n'est pas effectuée en série, elle revient plus cher ?
- d'assumer les dépenses liées à l'alimentation (le fourrage en faisant partie), au renouvellement de litière, aux soins vétérinaires et aux médicaments ?
- de charger quelqu'un de s'occuper de l'animal pendant que je suis en vacances ?

- d'installer une grande cage dans le séjour (ou dans une autre pièce) pour garantir à l'animal des sorties sans risque ?
- de prendre en compte d'inévitables odeurs dégagées par la cage, aussi propre soit-elle, et de m'assurer que lesdites odeurs ne gêneront pas non plus les autres membres de la famille ?
- de ne pas rechigner à un surplus de nettoyage, lorsqu'on trouvera des brins de litière, des crottes ou de petites flaques sur le parquet ?
- de ne pas me lamenter lorsque l'on découvrira des papiers peints déchirés, des tapis mis en pièces ou encore des meubles rognés ?

Contrairement aux idées reçues, les lapins ne sont pas toujours des animaux en peluche, et les races naines ne sont pas plus faciles à câliner. Beaucoup de lapins ne s'apprivoisent jamais vraiment et, comme ils n'aiment pas qu'on les touche, se mettent à griffer ou à mordre. Les éleveurs veillent justement à ne retenir, lors de la sélection, que les jeunes éléments dont le tempérament est paisible et qui n'ont pas peur de l'homme ; les bêtes rétives ou agressives sont écartées, surtout si elles sont destinées à des amateurs qui souhaitent simplement un petit animal de compagnie ou qui veulent se lancer dans l'élevage. Cela n'exclut pourtant pas les incidents… Il arrive en effet qu'une « minipeluche », affolée par le transport, le transfert de cage ou le nouvel environnement, et surtout par les cris d'enthousiasme de ses nouveaux propriétaires, soit brusquement sur la défensive et croque le premier doigt venu !

En présence d'élevages dans lesquels la reproduction prime, on n'a cure du : « Oh ! Qu'il est mignon, adorable ou trognon ! » Mais si l'on n'attache pas d'importance à un éventuel tempérament pacifique des animaux, il se peut fort bien que, d'une génération sur l'autre, leur propension à être sur la défensive ou à mordre, mais aussi des tares héréditaires, soient conservées ou, pire, renforcées.

Il importe d'avoir présent à l'esprit, avant d'acheter un lapin, que même s'il ne s'agit pas d'un animal difficile en soi, ses besoins et les soins à lui prodiguer n'en sont pas moins très spécifiques.

Les cages

On en trouve de multiples formes, qu'il s'agisse de cages d'intérieur ou de boxes, et les matériaux dont elles sont composées varient également ; les modèles vont de la cage simple au système en étages en passant par les versions modulables en kit. On trouve des ouvrages de référence comportant toutes sortes de « tuyaux » d'un grand secours pour l'éleveur en herbe ; il faut savoir qu'il existe une législation en matière de dimensions minimales à respecter, règles liées à un souci de protection des animaux. Voici ce qui est imposé en fonction de la taille de la race.

ur faire communiquer des clapiers individuels entre x, il suffit d'y aménager une simple chatière.

Pour les grandes races :
largeur 100-120 cm
x profondeur 70-80 cm
x hauteur 70-80 cm

Pour les races moyennes :
largeur 70-80 cm
x profondeur 60-80 cm
x hauteur 60 cm

Pour les petites races ou les naines :
largeur 50-60 cm
x profondeur 40-60 cm
x hauteur 50 cm

Les lapins étant fortement en demande de mouvements, rien n'est jamais trop vaste en matière d'enclos, surtout lorsqu'il s'agit d'une femelle avec ses petits – dans ce cas, il est recommandé de se procurer un double box. L'avantage des cages en kit est qu'elles peuvent être modulées à volonté. Néanmoins, pour des questions d'économie, lorsqu'on prévoit une telle acquisition et qu'on s'apprête à monter soi-même l'installation, il est bon d'évaluer auparavant l'espace dont l'animal aura besoin en fonction de sa race.

Les promenades

Il n'y a pas que la cage et la litière dans la vie d'un lapin : qu'on soit éleveur ou amateur, on peut en effet lui octroyer une certaine liberté de mouvements en le laissant évoluer à l'extérieur de son enclos. Pourtant, si c'est à ciel ouvert qu'on veut lui permettre de s'ébattre, il ne faut pas oublier que, d'instinct, l'occupation favorite de la plupart des lapins est de creuser des galeries… Pour y parer, on n'oubliera pas de faire soi-même une fosse avant d'installer l'enclos et d'y placer un grillage à une certaine profondeur. Ensuite, les lapins sachant sauter, il faudra prévoir une enceinte assez haute… N'hésitez pas à lui donner une hauteur de 150 cm et à l'enfouir également sur bien 50 cm. Ainsi vous aurez l'esprit en repos.

Si vous ne voulez pas que votre lapin soit en manque de galeries et de cavernes, confectionnez-lui des ersatz, à savoir des cases que l'on peut éventuellement fermer, de courts segments de tuyaux assez larges pour qu'ils puissent y entrer, ou encore des troncs creux ; ces accessoires variés auront pour avantage de le mettre à l'abri de la chaleur du soleil, et des intempéries en cas de mauvais temps. N'oublions pas qu'en plein air, une fois dans son tuyau, le lapin sera protégé des rapaces ; la nuit, si la porte de sa maisonnette est close, il ne risquera pas de se faire agresser par des carnassiers nocturnes comme les martres, les renards et autres chiens ou chats errants.

Prévoyez de l'espace. Soit un animal nain élevé en intérieur dont la cage fait au moins 50 x 40 cm : dites-vous que cela correspond, en plein air, à un miniterrain de 0,2 m², ce qui est insuffisant pour qu'il se sente à l'aise. Prévoyez donc plus de surface, d'autant qu'à l'extérieur, nous vous recommandons d'aménager non seulement les abris évoqués plus haut, mais aussi un endroit ou stocker la nourriture et la paille.
Un lapin qui dispose d'un tel enclos et à qui on offre tant de distractions ne souffre nullement de solitude, et le fait de voir régulièrement arriver son maître avec sa ration d'aliments et sa dose de caresses ne peut qu'ajouter à son confort.

Clapiers, mode d'emploi

Un élevage professionnel dont l'objectif est la sélection applique les mêmes règles que pour les lapins de compagnie, règles garantissant la protection des animaux. Lorsque l'éleveur envisage de créer un box, il se base sur les valeurs maximales indiquées plus haut. Pour un lapin nain, par exemple, il prévoit un clapier de 60 x 60 cm, ce qui correspond à ciel ouvert à une superficie au sol de 0,36 m², largement suffisante pour que l'animal puisse se mouvoir.
Cependant, dans le cas d'un clapier à une place, il existe d'autres impératifs : il faut qu'il soit propre, que la lumière puisse y entrer et que le lapin y soit protégé des courants d'air ou des intempéries. Compte tenu du fait que ces animaux supportent plus le froid que la chaleur, il faut prévoir une protection solaire – cet aspect est capital quand les lapins participent à des foires, car la robe de certains peut se décolorer au soleil. Le danger étant inexistant quand l'animal est soumis à la seule exposition du matin, on orientera le clapier face à l'est. Quant à l'emplacement, il dépendra d'abord de la configuration du lopin et des normes imposées par la loi en matière de construction ; d'autre part, il sera fonction de ce que l'éleveur entend faire de sa sélection et de ce qu'exige la race donnée. Les éleveurs qui exposent

leurs animaux ou qui s'occupent de races plus difficiles ont souvent besoin d'un plus grand nombre de boxes à une place.

Les multiples avantages présentés par un clapier individuel sont :

- que les morsures y sont exclues ;
- que les risques de contagion en cas de maladie sont limités ;
- qu'on y gère mieux, en cas d'affection éventuelle, les différentes étapes du traitement et que les chances de réussite en sont accrues, ce d'autant plus qu'on peut mieux contrôler la prise de nourriture et le développement du lapin atteint ;
- que l'animal est plus confiant quand il se voit prodiguer des soins sur mesure ;
- que le nettoyage et la désinfection du réduit sont plus aisés.

Il faut penser à tout quand on installe des clapiers.

Capacité d'un clapier

Cette question est facile à résoudre : il est évident qu'elle va dépendre du nombre d'animaux qu'on veut y confiner et de petits que les différentes portées vont donner. Au minimum, on prévoit un mâle pour deux lapines, ce qui fait déjà trois clapiers individuels ; si l'on compte ensuite des portées de six lapereaux par femelle, on arrive à douze boxes pour toute la descendance. S'imaginer qu'on s'en tirera ensuite avec vingt-quatre clapiers individuels peut parfaitement se révéler illusoire, puisqu'on ne peut jamais être certain à l'avance du nombre de naissances. N'oublions pas, en effet, qu'une lapine met bas deux fois par an. Ces seules considérations suffisent à démontrer combien il est primordial, avant de se lancer, de faire une évaluation correcte en fonction des normes exigées en matière de protection des animaux, du nombre de ces derniers et des impératifs liés à une race déterminée. Parmi les choses à ne pas oublier au moment de l'installation de nouveaux clapiers, citons encore les espaces de stockage de fourrage, de paille ou de nourriture.

L'élevage des lapereaux

Le nid

Dès qu'une lapine est pleine, elle part à la recherche d'une tanière appropriée ; comprenant qu'elle ne peut s'en creuser une dans le clapier, la future mère va en choisir le coin le plus sombre pour y installer son nid. Notons que les périodes varient d'une bête à l'autre : il en est qui se préparent deux à trois jours après la saillie, d'autres qui attendent près de deux semaines, d'autres encore qui ne s'y prennent que peu de temps avant la naissance des petits.

La naissance

Elle a lieu après trente jours de gestation en moyenne, les écarts pouvant aller jusqu'à deux jours. Au dernier moment, la parturiente entreprend littéralement les finitions de son nid en le calfeutrant au moyen de morceaux de fourrure qu'elle prélève sur son propre abdomen, une opération indolore grâce à une hormone qui fait que les poils s'en détachent d'eux-mêmes.

La femelle ne doit en aucun cas se retrouver avec des congénères à ce moment-là, qu'elle soit pleine, sur le point de mettre bas ou en train d'allaiter, car elle serait soumise à des nuisances qui feraient courir un risque aux bébés ; il est évident que le moment de leur naissance est crucial et que le plus grand calme est alors de mise, même si certaines lapines ont suffisamment confiance dans le genre humain pour tolérer des spectateurs. En outre, comme les âmes sensibles pourraient être tentées d'intervenir, ce qui risquerait de gêner même les mères les plus calmes, il vaut mieux qu'elles s'abstiennent d'assister à la mise bas. En tout état de cause, il est recommandé de laisser la lapine seule.

En revanche, on pourra se rendre utile en lui laissant à boire (de l'eau, jamais de lait), étant donné que la perte de liquide est considérable à ce moment-là et qu'elle va vite vouloir se réhydrater ; il se peut fort bien, sinon, et c'est surtout le cas chez les primipares, que la soif engendre de l'agressivité envers les petits. Il arrive également que la femelle croque dans l'un d'eux, en dévorant une partie. Cela peut s'expliquer ainsi : dans le feu de l'action, notamment au moment où elle nettoie les nouveau-nés ou lorsqu'elle lèche leur enveloppe placentaire, elle peut fort bien confondre celle-ci avec leur peau.

Le comportement de la lapine au nid et pendant l'allaitement

L'allaitement débute sitôt passée la mise bas. Le lait produit est alors appelé lait colostral ; celui-ci, particulièrement nourrissant, est primordial pour le développement des petits.

Paradoxalement, la mère se met ensuite à négliger sa progéniture. Les nourrissons, complètement glabres, aveugles et sourds, vont devoir se débrouiller seuls pour se repérer dans le nid. Précisons que la mère veille à ce que la température soit homogène autour d'eux en s'arrachant des morceaux de fourrure dont elle les recouvre. Elle respecte généralement un emploi du temps rigoureux : elle allaite une seule fois toutes les vingt-quatre heures, le soir. Si les petits naissent le matin et qu'elle a donc allaité immédiatement, elle parvient petit à petit à décaler vers le soir.

Contrôler l'état du nid

Il est recommandé d'inspecter le nid une fois la mise bas achevée, afin d'en ôter les éventuels mort-nés ou les résidus organiques. Il est des éleveurs qui repèrent le sexe des bébés dès leur naissance; cette opération se révèle moins aisée par la suite, aucun caractère sexuel secondaire n'existant entre un lapereau et sa sœur. Il importe de ramener vers le nid des nouveau-nés restés à l'écart et qui risqueraient de mourir de froid. Il est faux de croire qu'une lapine ne s'occupe plus de ses petits s'ils ont été touchés par l'homme ; en revanche, on peut très bien se faire mordre... La solution est alors de détourner l'attention de la mère en lui tendant des aliments qu'elle aime, ou encore de la faire sortir du box un instant.

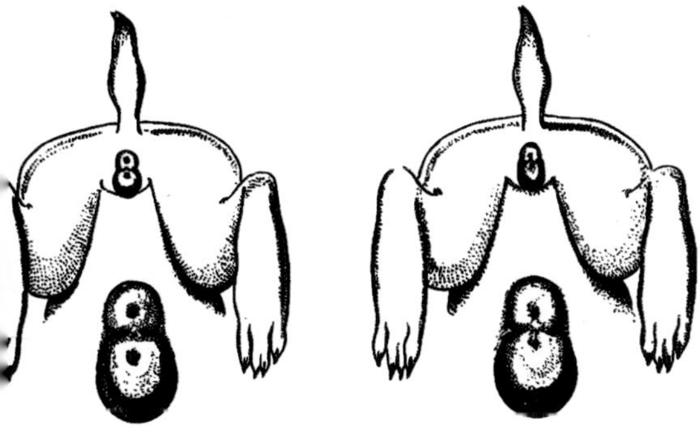

Comment différencier les sexes de bonne heure (d'après Nachtsheim)

Les éleveurs font également sortir les femelles dont le comportement n'a rien de maternel, l'exclusion pouvant durer plusieurs heures. Il s'agit de mères qui négligent d'allaiter, de prélever sur elles de la fourrure ou qui grattent dans tous les sens tant et si bien que bientôt le nid n'existe

plus. Ces attitudes déviantes sont dues à un dérèglement hormonal passager, conjugué à des facteurs génétiques héréditaires.
Il est important de rester vigilant même au-delà des premiers jours en contrôlant, au quotidien et à mesure que les lapereaux grandissent, où en sont leur croissance et leur santé. Cet examen régulier permet une mise en confiance précoce des lapereaux. Rien n'est plus pitoyable que des animaux terrorisés qui, dès qu'on ouvre leur clapier, en escaladent les parois ; ce sont ces mêmes lapins qui, lorsqu'on les examine sur une table d'exposition lors d'un concours, se sauvent ou se mettent, dans l'affolement, à mordre tout le monde.

Développement et croissance des lapereaux

Tout dépend des capacités de la lapine à allaiter. Si tout se passe bien, et indépendamment de leur race, cinq jours après leur naissance, les lapereaux ont doublé de poids. Quatre à six jours plus tard, ils commencent à ouvrir les yeux et à entendre.

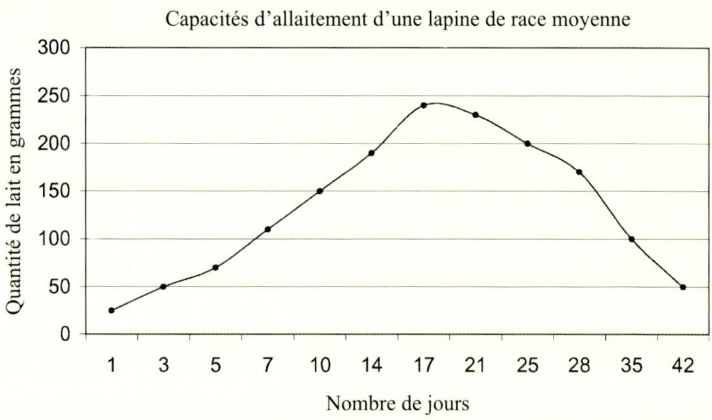

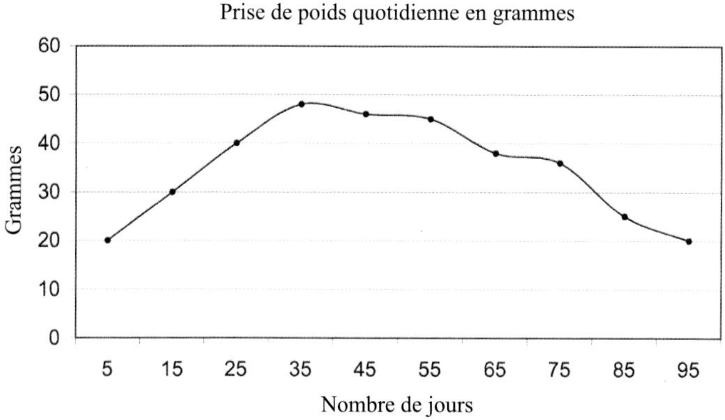

Il s'agit ici d'une moyenne qui a son importance : en effet, si le petit n'a toujours pas ouvert les paupières à onze jours, ses cristallins risquent de s'opacifier et il peut s'ensuivre une cécité totale. On peut remédier à ce désagrément en tamponnant délicatement l'œil à l'aide d'un morceau d'ouate humide ; une fois les tissus ramollis, on sépare avec d'infinies précautions les paupières du haut et du bas. N'utilisez jamais de camomille car comme elle ramollit beaucoup la peau elle risque de provoquer de graves affections de la paupière.

Au bout de trois semaines environ, les lapereaux commencent maladroitement à se déplacer hors du nid et à aller se nourrir seuls. Il est alors tout à fait normal que la production de lait d'une lapine, même en parfaite santé et très bien nourrie, baisse, alors qu'elle n'avait cessé d'augmenter depuis la mise bas. Le poids des jeunes lapins continue d'augmenter jusqu'à leur cinquième semaine, puis se stabilise. Cette période correspond à la solidification du squelette et au raffermissement des muscles, le tout contribuant à une croissance régulière.

Le lien maternel se prolonge jusqu'à l'âge de huit semaines, puis se distend progressivement. Il faut alors séparer les jeunes de leur mère.

Il existe toutes sortes de méthodes de sevrage :

- on se contente de placer la mère dans un autre box, les lapereaux demeurant là où se trouve leur nid ;
- on met la mère dans un autre box tandis que les lapereaux sont regroupés en fonction de leur sexe ;
- les lapines sont regroupées au même endroit, comme les mâles ;
- chaque lapereau se voit attribuer un box.

La nourriture basique

Se débrouiller seul

Certes, un éleveur ou un propriétaire n'est pas obligé de partir dans la nature pendant ses loisirs pour glaner la nourriture nécessaire à ses lapins ; pourtant, c'est bien à ce niveau qu'il peut faire les plus grandes économies. Comment peut-il s'y prendre ?

- En aménageant un lopin dans son champ ou son jardin, terrain sur lequel il pourra entreposer ladite nourriture.
- En stockant les résidus du jardinage, dans la mesure où ils sont propres et non traités, mais aussi plantes ou mauvaises herbes.
- En stockant les déchets organiques provenant de sa propre cuisine, de celle des voisins ou de sa famille.
- En s'employant à cultiver les plantes fourragères et à préparer le foin sur un lopin dont il est propriétaire ou qu'il aura loué.

Il faudra cependant qu'il complète le tout par des produits achetés sur le marché. Compte tenu du facteur temps, qui semble jouer un rôle du plus en plus important dans notre vie moderne, il vaudrait mieux se poser les questions supplémentaires suivantes :

- où trouver de la paille et du fourrage ?
- comment, à partir d'aliments basiques obtenus soi-même, faire l'appoint avec granulés, mélange de céréales et autres tubéreuses, des produits trouvés dans le commerce ?

Lorsqu'on veut offrir une alimentation équilibrée à ses lapins et constituer des réserves en vue de la saison froide, il faut évaluer les besoins de chacun d'entre eux ; ceux-ci peuvent varier d'un animal à l'autre en fonction de son âge, surtout s'il est en période de croissance, ou bien s'il s'agit d'une femelle gravide ou en train d'allaiter.

La nourriture industrielle

Même un cunicophile qui produit lui-même une grande partie de sa nourriture pour lapins ne pourra pas faire l'impasse sur des aliments achetés dans le commerce comme le son, les céréales concassées ou les granulés. L'une des solutions consiste à nourrir les bêtes avec des granulés enrichis d'un certain pourcentage de substances essentielles à leur santé ; en effet, il ne faut jamais perdre de vue que la valeur nutritive des plantes ou des racines dont on les nourrit est elle-même fonction de ce que le sol qui les portait contenait. En d'autres termes, on peut douter de l'efficacité d'une alimentation faite de plantes rachitiques provenant d'un humus appauvri… Les aliments industriels présentent aussi l'avantage d'exister sous de multiples formes ; certaines correspondent à l'ordinaire, d'autres à la période du sevrage ou au métabolisme d'adultes sollicités physiquement. En outre, on peut avoir recours à un appoint nutritif à base de légumes lyophilisés, de mélanges d'herbes ou de granulés de luzerne.

Les oligoéléments

Les oligoéléments sont ces substances chimiques microscopiques dont les organismes vivants n'ont besoin qu'en quantités infinitésimales, mais qui sont essentielles à leur survie, notamment pour leur métabolisme, la formation de leur squelette, leurs fonctions thyroïdiennes, la composition de leur sang ou encore leur croissance lorsqu'ils sont jeunes. Au nombre des oligoéléments, citons le fer, le manganèse, le chrome, l'étain, le sélénium, le cuivre, le cobalt, le zinc, le fluor et l'iode, toutes substances entrant dans la composition d'enzymes, de vitamines ou d'hormones selon les cas. Quant aux vitamines, elles sont ces principes actifs indispensables à la vie d'un organisme en ce qu'elles lui garantissant croissance, faculté de reproduction et vitalité.

L'appareil digestif du lapin

En tant qu'herbivores, ces mammifères disposent d'un appareil digestif complexe. La moindre erreur de l'éleveur en matière d'alimentation peut avoir des conséquences sur son bon fonctionnement. Au début de la chaîne il y a la réduction des aliments, assurée par les incisives : on en trouve deux paires sur la mâchoire supérieure, dont une petite encadrant la grande et ne servant presque pas, et une seule sur la mâchoire inférieure. Ces dents ne cessant de pousser, il faut donner à l'animal des aliments solides pour qu'il puisse les user. Ses incisives lui servant à happer et couper les brins d'herbe ou les rameaux et à les réduire une première fois, il faudra veiller à ce qu'elles restent en bonne santé. Les éleveurs professionnels en font d'ailleurs un élément de sélection lorsqu'ils en vérifient la disposition sur la mâchoire.
Une fois au fond de la cavité buccale, les aliments réduits sont broyés par les molaires et imprégnés de salive. Le bol alimentaire franchit ensuite l'œsophage pour arriver dans l'estomac, où il subit une digestion supplémentaire sous l'effet du suc gastrique ; certaines substances sont alors libérées et absorbées par l'organisme, tandis que le reste du chyme séjourne dans l'estomac jusqu'à ce que le lapin ait recommencé à manger. Il poursuit alors son évolution vers l'intestin pour laisser la place à un nouveau bol, puis devenir chyle. L'estomac n'étant pourvu que de très peu de muscles, il n'est pas en mesure d'assurer un transit, raison pour laquelle on parle de stase chez le lapin. Cette caractéristique explique donc que l'avancée du chyme ne puisse se faire que s'il absorbe de nouveaux aliments. On comprend mieux pourquoi on le voit

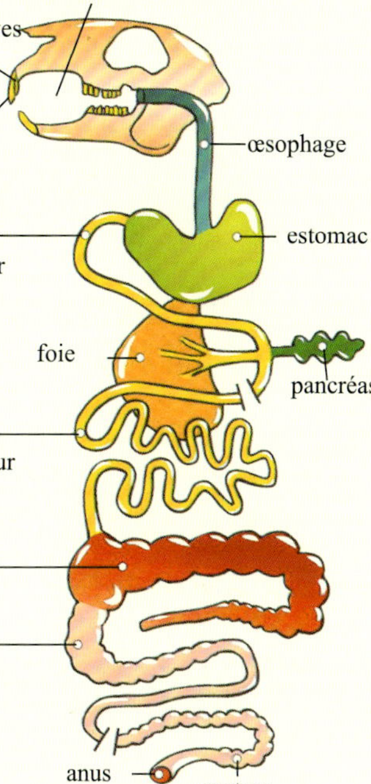

L'appareil digestif du lapin

toujours en train de mastiquer. Le lapin sait qu'il doit ainsi faire de soixante à cent petits repas par jour s'il ne veut pas voir son tube digestif se bloquer.
Un tel blocage engendrerait la fermentation du bol alimentaire dans l'estomac.
Au terme du processus de digestion dans le côlon, le substrat, riche en fibres et en ballast, arrive dans le caecum, où il libère le reste de ses capacités énergétiques ; c'est ainsi que la cellulose végétale, par exemple, y est dégradée en glucose par fermentation. Une mauvaise alimentation peut faire évoluer la composition du substrat vers une bouillie moins saturée en fibres, avec à la clé des troubles digestifs – la fermentation s'accélère, avec formation de gaz dans le caecum. Le lapin souffre ainsi de météorisme, affection pouvant provoquer la mort. Lorsque la digestion se passe sans accroc dans le caecum, on voit se former une variété particulière de fèces appelées crottes molles ou, plus savamment, caecotrophes ; elles se distinguent par leur consistance et leur aspect, et aussi en ce qu'elles sont riches en vitamines et en autres éléments nutritifs utiles. Sitôt qu'elles sont expulsées, le lapin les réingurgite, de sorte qu'elles retraversent le tube digestif pour libérer précisément les précieuses substances.

Une alimentation en accord avec la nature

Il ne fait aucun doute que les lapins sont des gourmets appréciant les menus variés, à l'instar de ce qu'ils trouveraient dans la nature… Un familier de ces animaux constatera qu'à la fin de l'hiver, un lapin délaissera la plus belle des carottes et attendra qu'on veuille bien lui apporter de l'herbe. Il ne s'agit pas de caprices : les lapins savent d'instinct qu'il leur faut couvrir leurs besoins en produits nutritifs indispensables à leur équilibre, comme les oligoéléments ou les vitamines.

Une alimentation naturelle présente d'autres avantages. Avec des menus variés, le lapin conserve cet instinct qui lui permet de faire le tri entre les plantes qui peuvent lui apporter quelque chose et celles dont son organisme ne peut rien faire. Il reste en mesure de moduler sa prise de nourriture en fonction de ce que son métabolisme réclame, ce à condition qu'on lui présente un choix important d'aliments. D'ailleurs, quand on le laisse gambader dans l'herbe, on s'aperçoit qu'il ne broute pas au hasard non plus.

Apporter de la nourriture en quantité à l'animal après lui avoir fait subir des phases de jeûne l'incite à se bourrer et à surcharger son estomac, avec pour résultante des douleurs abdominales, voire la mort. D'ailleurs, lorsque le printemps arrive, les lapins peuvent eux-mêmes commettre des excès préjudiciables à leur santé. Aussi est-il recommandé soit de mêler du foin aux végétaux frais, soit d'en prévoir un râtelier plein. Le foin représente quelque chose comme le pain du lapin, en ce qu'il lui garantit une digestion sans encombre. Mais il ne faut pas oublier non plus de lui donner à boire tous les jours, de l'eau et rien que de l'eau, cet élixir de vie permettant la transformation optimale des aliments en éléments indispensables.

Il vaut mieux éviter les impuretés et la moisissure dans les aliments ; ainsi le sable est-il un obstacle au bon fonctionnement du tube digestif, et les champignons peuvent-ils provoquer des affections des voies respiratoires. À éviter aussi toute nourriture en pot pour bébés humains. En revanche, on peut sans danger leur donner des pommes de terre ou même simplement des épluchures de pommes de terre ; si elles sont encore vertes, c'est à éviter, car ce ne sont pas encore des vitamines, qu'elles renferment, mais une substance toxique appelée solanine, un véritable poison quand elle est consommée en grande quantité. Si on veut éviter ce désagrément, il suffit de faire cuire à la vapeur les tubercules encore verts ; c'est d'ailleurs conseillé en hiver, en association avec des betteraves fourragères, ces dernières ayant la réputation d'absorber le calcaire. Or c'est précisément le calcaire qu'on recommande de prévoir, intégré à un mélange de substances minérales auxquelles on ajoutera une poignée de son sous forme de grumeaux humides. Lorsqu'il s'agira d'animaux d'élevage, on évitera néanmoins de leur donner trop de pommes de terre cuites à la vapeur, celles-ci étant très riches en calories et favorisant l'accumulation de graisses.

Bien savoir ce qu'on exige de l'animal

Qu'on soit éleveur ou juste propriétaire d'un lapin, il est bon de toujours avoir conscience de ce qu'on va attendre de lui à une période déterminée de sa vie et de ce qu'il est en mesure de fournir lui-même. Au nombre des performances attendues, citons, dans le cas des reproducteurs, les fréquentes saillies qui leur sont imposées, les gestations et les périodes d'allaitement pour les lapines, la croissance des lapereaux, les périodes de sevrage, de repousse au moment du changement de poil, ou de croissance de l'abondante fourrure du lapin angora après qu'il a été tondu. Citons également l'engraissage des lapins de boucherie. Or il faut tenir compte de ces différents modules lorsqu'on compose le mélange de nourritures, en prévoyant conjointement toutes sortes de produits naturels et de substances minérales, ainsi que des produits à forte valeur nutritive ou des

vitamines ; la meilleure façon de couvrir au mieux les besoins de l'animal est encore de concevoir un véritable cahier des charges ou chaque situation sera prise en compte à une période déterminée.
En matière d'alimentation enrichie, il n'existe pas de paramètres immuables mais bien plutôt des considérations liées aux phases de la vie d'un animal donné et à ses caractéristiques, compte tenu de sa taille et de sa race ; ainsi, dans le cas d'une lapine gravide, les besoins en minéraux, albumine et autres substances nutritives, ou encore en fibres crues, seront plus importants que lors de la période d'allaitement qui suivra ; de même, un reproducteur ne pourra pas être soumis au même régime qu'un lapin angora après la tonte, par exemple.
Quant aux petits, comme il va de soi qu'il doivent se développer de façon saine et harmonieuse, il leur faut une alimentation riche en protides, qui couvre le besoin relativement important en fibres et qui garantisse l'apport de substances minérales, dont le calcium associé au complexe de vitamines D, ainsi que celui de toutes les vitamines indispensables. Le challenge est donc ici d'assurer la croissance du petit en général et de ses os en particulier, le tout à l'abri de toute affection, ce du stade de bébé à celui de l'adulte. Mais faire d'un lapereau un magnifique adulte grâce à des traitements adéquats n'est pas suffisant, surtout si la génétique en a décidé autrement : en effet, ce sont les gènes qui jouent un rôle déterminant dans la dégradation convenable des aliments, comme, du reste, dans le bon développement des jeunes lapins.
Dans les périodes creuses, celles où il ne leur est demandé aucune performance, l'accent est mis sur leurs fonctions vitales et sur leur dynamisme, et les éleveurs s'efforcent de les maintenir dans la meilleure forme possible en veillant à ce qu'ils n'engraissent pas ; ils y parviennent en diminuant notablement la quantité de protides dans les rations tout en gardant constant l'apport en vitamines et en sels minéraux. Les éleveurs parlent alors de « nourriture de conservation », ce qui ne signifie nullement que sa qualité ait à en souffrir.

Les maladies et leurs symptômes

Les carences

Citons le rachitisme, une affection due au manque de calcium. Le manque de carotène (provitamine A) est à l'origine d'un recul de la fécondité, tandis que celui du complexe vitaminique B peut provoquer des perturbations de la flore intestinale. La vitamine C, elle, est spontanément produite dans l'appendice des lapins et la D (D3) sous leur épiderme, dès qu'ils sont exposés à la lumière ultraviolette ; mais on trouve également la vitamine D, et en quantité suffisante, dans du foin riche en feuilles ayant séché convenablement. Les vitamines du complexe D ne sont pas seules responsables de l'ossification : elles doivent être combinées à du calcium et à du phosphore. Une carence caractérisée et prolongée en vitamine E peut être à l'origine d'une baisse de production de sperme chez le mâle, et d'un dysfonctionnement ovarien chez la femelle. Quand les manques sont importants, ils conduisent à un affaiblissement général, mais aussi à une fonte musculaire, y compris cardiaque, avec parfois la mort pour corollaire. Les oligoéléments, tels le fer, le manganèse, le chrome, l'étain, le sélénium, le cuivre, le cobalt, le zinc, le fluor et l'iode n'interviennent qu'en quantités infinitésimales dans les fonctions vitales.
On trouve tout ce dont a besoin le lapin pour rester en bonne santé dans les aliments industriels ; si, de plus, on dépose de la nourriture naturelle dans leurs écuelles et leurs râteliers, point n'est besoin de s'inquiéter pour eux, ils ne risquent aucune avitaminose.

La maladie hémorragique du lapin (VHD)

Cette dangereuse affection virale, apparue pour la première fois en Chine, doit être connue des éleveurs ; son agent pathogène peut frapper tous les lapins, qu'ils soient domestiques, d'élevages ou à l'état sauvage. Si l'on trouve, comme vecteurs de ce virus, entre autres des insectes su-

ceurs de sang, comme les acariens ou les tiques, ils peuvent également se transmettre entre lapins ou passer de l'homme au lapin par le biais de gouttelettes ; les mesures d'hygiène ont beau être strictes, on n'est jamais à l'abri à moins de procéder à une vaccination annuelle.
Quant aux symptômes de la maladie, ils n'ont rien de bien caractéristique : les éleveurs qui y ont été confrontés ont constaté chez leurs lapins un manque d'appétit et une indifférence au monde ambiant. On distingue trois types d'évolution de la VHD selon qu'il s'agit de la forme aiguë évolutive, de la foudroyante, ou de celle qui aboutit à une rémission. Dans la première, la mort du lapin est précédée de symptômes se déclenchant de deux à quatre jours après l'infection, symptômes au nombre desquels on compte la nervosité, des étourdissements et des étouffements, ou encore une respiration saccadée ; on constate parfois la présence de fièvre, un manque d'appétit ou des diarrhées sanguinolentes. L'animal finit par étouffer, comme d'ailleurs dans l'autre forme létale, soudaine celle-là, où l'agonie et l'asphyxie terminale ne sont précédées d'aucun signe avant-coureur ; selon certains, l'animal moribond pousserait d'ailleurs des cris. La troisième forme, bénigne, est caractérisée par un comportement agité et parfois accompagné de diarrhées.

La myxomatose

On a, là aussi, affaire à une infection virale : le mode de contamination est comparable à celui de la VHD et, comme pour celle-ci, il existe un vaccin. La période d'incubation est de trois à cinq jours et les premiers symptômes sont des larmes abondantes et une inflammation des paupières. On constate également que d'autres parties du corps gonflent, comme les oreilles, la tête, les membres et les parties génitales. Les lapins finissent par mourir, sans rémission possible. On recommande de faire vacciner ses animaux deux fois par an, notamment quand les mouches pullulent. En tout état de cause, pour être au mieux informé sur la myxomatose, il vaut mieux consulter les services vétérinaires.

L'entérite mucoïde

On nomme cette maladie entérocolite, elle se caractérise par une paralysie des intestins. On n'en connaît pas encore la cause, les recherches étant en cours. Aux tout premiers stades, les animaux n'ont pas d'appétit, sont comme ivres et ne bougent presque pas ; certains éjectent des excréments à l'aspect de diarrhée visqueuse, rappelant parfois de la bile, et à l'odeur de pourri. L'abdomen gonfle et le caecum, lorsqu'on le palpe, fait l'effet d'une pâte à modeler ; les heures passant, il finit par durcir. Lorsqu'un propriétaire qui n'en est qu'à ses premières armes constate que son animal a le regard trouble, que son poil se hérisse, qu'il ne mange que sous la contrainte, qu'il reste prostré dans son coin ou qu'il grince des dents, il devrait consulter un vétérinaire.

La coccidiose

Il s'agit d'une affection intestinale survenant lorsqu'on nourrit un lapin en dépit du bon sens ; provoquée par une modification de sa flore intestinale, elle se manifeste par de violentes diarrhées ou par une constipation. Si l'on ne procède pas à un traitement adéquat et si les litières ne sont pas nettoyées régulièrement, on peut assister à une prolifération épidémique des coccidés (animalcules à l'état de spores), qui peuvent alors infecter d'autres organes. La coccidiose se soigne.

Le rhume contagieux

On a affaire ici à une épidémie redoutée qui, à peine décelée, va frapper tout un élevage de lapins en un temps record. La maladie commence par un nez qui coule imperceptiblement, puis on passe à des suintements visqueux qui finissent par se transformer en pus ; ensuite, les animaux vont se mettre à éternuer et à tousser et, dans les formes aiguës de cette affection, à rapidement perdre du poids. Il en est même qui meurent. Ce rhume peut devenir chronique et déboucher sur d'autres pathologies. On en vient à bout grâce à un vaccin préventif.

Les empoisonnements

Le traitement de lapins victimes d'empoisonnement est malaisé, car certains des symptômes correspondent à d'autres maladies ; les intoxications sont souvent dues au fait que l'animal est entré en contact avec des désherbants ou des pesticides, qu'il n'a pas supporté une peinture ou un produit nettoyant, ou encore qu'il a absorbé une plante vénéneuse.

Les anomalies

En matière d'élevage, on entend le plus souvent par là des malformations pathogènes : dents mal implantées, croissance pléthorique des incisives (soit du haut soit du bas, soit des deux à la fois), anomalies au niveau des organes génitaux ou du squelette, etc. Aussi est-ce le souci principal de l'éleveur chevronné que d'écarter de sa sélection une telle anomalie, pour éviter qu'elle ne se propage avec, en prime, une accentuation des défauts d'une génération sur l'autre.

Les ectoparasites

Il s'agit des parasites peuplant aussi bien l'épiderme, la fourrure que les oreilles avec, pour conséquence éventuelle, l'apparition de maladies difficiles à guérir. On a souvent affaire à des acariens, une variété d'arachnéens dont la malfaisance n'est trahie qu'au moment où apparaissent les dégâts que cause leur appareil masticatoire : écailles, chute de poils, irritation de la peau, inflammations ou encore formation de croûtes. Les façons dont les parasites arrivent dans un élevage sont multiples et variées : cela peut se faire par l'intermédiaire de souris se trouvant dans les réserves de paille, ou encore parce que les végétaux frais proviennent de prairies ou de champs soit abondamment fréquentés par du gibier soit, en automne par exemple, déjà infestés par des acariens ou des tiques. Si les symptômes décrits plus haut sont patents, il faut faire venir un vétérinaire : en effet, le traitement sera fonction de la manière dont les bêtes ont été infestées.

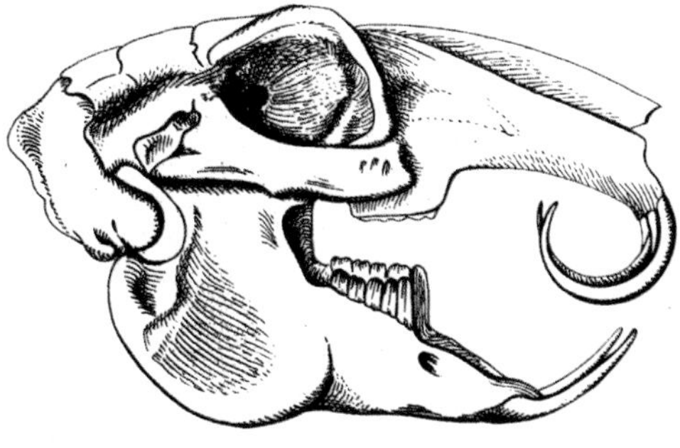

Suite à une malformation de la mâchoire inférieure, manque d'usure des incisives du haut et du bas.

Les regroupements d'éleveurs

Les éleveurs de lapins de race ayant un statut légal, le sommet de la pyramide étant représenté par :

Fédération française de cuniculiculture
28 rue du Rocher, 75008 Paris
Tél./Fax. : 01 43 85 24 44
www.ffc.asso.fr

Les amitiés d'éleveurs par-delà les frontières

On ne saurait parler d'associations sans évoquer les rencontres internationales : c'est du reste grâce aux liens tissés à travers les différents pays d'Europe entre les amis des bêtes, qu'il s'agisse d'élevage de volailles, de pigeons, de cochons d'Inde ou de lapins, qu'ont été élaborés des standards européens pour les lapins de race, une liste parue depuis et aujourd'hui dans sa quatrième édition.

Cette liste de critères permet aux spécialistes des pays membres de l'Union européenne des éleveurs de volailles, de pigeons, de lapins et de cochons d'Inde, de présenter, lors de foires-expositions mixtes, leurs animaux au Comité de l'entente européenne d'aviculture et de cuniculture (www.entente-ee.com), une structure créée en 1938. Les États membres de cette EE dans la catégorie « lapin » sont à ce jour la Belgique, l'Allemagne, la France, le Luxembourg, les Pays-Bas, l'Autriche, la Suisse et la Tchéquie ; on dénombre à l'heure actuelle quatre-vingt races homologuées de lapins, les seules à avoir le droit de participer à des foires-expositions mixtes. Il faut reconnaître que la Commission des standards a fait un excellent travail, puisque c'est à elle qu'incombait la tâche de veiller à ce que tous les pays participants soient soumis à des critères identiques en vue d'une évaluation uniforme des qualités des différentes races de lapins.

Le belge à barbiche

Les foires-expositions

Pour les associations d'éleveurs, chaque année est ponctuée d'expositions en tout genre, allant de l'échelon cantonal au national en passant par le régional. Comme elles représentent, chaque fois, pour ces éleveurs le couronnement de leur travail et le lieu par excellence où ils voient sanctionné leur savoir-faire, ils les apprécient particulièrement. Tout animal présenté y est passé au crible des critères de ladite Commission des standards, et ce sont des juges spécialisés et chevronnés qui leur attribuent des notes et, le cas échéant, des prix. Les meilleures notes, celles que convoite tout éleveur, sont le prix d'honneur (excellent) et le premier prix (très bon).

Lorsqu'on attribue à un animal le deuxième prix (bon), cela signifie pour son éleveur qu'il y a encore du pain sur la planche en matière d'affinement de la race ou de connaissances en génétique. Quant au troisième prix (assez bon) et à la mention passable, si elles sont rédhibitoires, elles ne devraient pas pour autant ôter toute sa motivation à l'éleveur…

Les foires-expositions attirent les jeunes de 7 à 77 ans.

Précis sur la notion de race

Tout observateur attentif constate que beaucoup de races de lapins se ressemblent ; il n'en demeure pas moins que chacune de celles que nous faisons figurer dans cet ouvrage mérite de la considération, et qu'elle doit être préservée, en ce qu'elle représente en quelque sorte un particularisme culturel et qu'elle s'insert même dans un patrimoine universel en matière de cunicophilie.
Nous avons, pour la première fois ici, consigné également des races étrangères de lapins, en en faisant la description et la présentation ; nous devons une fière chandelle aux éleveurs néerlandais ainsi qu'au juge Thomas Kingma, de Burgum, lequel nous a fourni de précieux renseignements sur ces races, et que nous remercions de son amabilité. Citons encore les éleveuses Inge Frasch, de Bavière, pour ses détails sur le belge à barbe, et Renate Regitz, de Saxe, pour ceux sur le datinagora ; c'est grâce à leur iconographie et à leurs informations que nous avons été en mesure d'offrir un ouvrage tout à fait actualisé.

Données biologiques

C'est en partant du lapin sauvage d'antan et en jouant avec ses caractéristiques qu'à force de sélections, au fil des siècles, l'homme est arrivé à influer de façon fulgurante sur l'évolution de cet animal. Celui que nous connaissons aujourd'hui est donc le fruit de tout un héritage d'informations génétiques que les éleveurs savent parfaitement gérer et mettre à profit pour créer de nouvelles races et les faire fructifier.

Mutations et élevage

S'ajoutant aux sélections voulues et dirigées, les mutations soudaines et spontanées ont toujours représenté – et représentent en permanence – un facteur non négligeable de l'évolution génétique ; on assiste ainsi à de brusques modifications d'aspect du nouveau-né par rapport à ses parents, alors que rien, dans l'entourage immédiat, ne laissait prévoir un tel changement. Or de telles mutations génétiques s'avèrent souvent pérennes. Précisons qu'elles sont, entre autres, le fait d'un rayonnement ionique ou de l'action d'un poison, intervenant par exemple au moment de la méiose, la toute première division cellulaire consécutive à la fécondation de l'ovule. Or ce n'est pas sur les mutations que se base l'élevage, et personne ne va spéculer sur leur apparition : les spécialistes s'attachent bien plus, et ce depuis toujours, à asseoir certains traits héréditaires ou à les combiner, en vue d'obtenir de nouvelles races ou de nouvelles couleurs.

On a sélectionné les caractères « oreilles tombantes et reflets argentés » chez le bélier de Meissen.

En revanche, c'est à des mutations que sont dues les évolutions afférant à la taille (le gigantisme ou le nanisme), à la couleur de la robe ou aux différents panachages, au manque de pigmentation, aux particularités physiques ainsi qu'aux facteurs liés à la constitution, cette caracté-

ristique héréditaire, à la forme des oreilles et à leur longueur, ou encore à la structure du pelage. Si une mutation s'avère intéressante, et qu'un autre animal présente la même caractéristique, l'éleveur va s'arranger pour obtenir un croisement, afin d'arriver à un facteur héréditaire pur, appelé homozygotie ; il sera ainsi parvenu à fixer le nouveau trait ; c'est d'ailleurs une pratique répandue depuis longtemps.
On peut définir la notion d'élevage sélectif par les trois points suivants :

- accouplement dirigé et sélection d'animaux dans un but bien précis et à des fins d'élevage ;
- l'objectif de l'éleveur est de donner la priorité à la beauté, aux performances, à la santé et à la résistance des gènes de la race qu'il a obtenue ;
- si les animaux sont croisés en fonction de leur aspect, et sans ligne directrice, le tout ne visant qu'à un enrichissement du propriétaire, on ne peut parler d'élevage sélectif.

L'œil caractéristique de l'albinos

Qu'est-ce que l'albinisme ?

Les albinos sont des êtres ne disposant pas des gènes nécessaires à la formation de pigments, que ce soit au niveau de leur épiderme, de leur pilosité ou de leur iris ; cette tare provient d'une défaillance du métabolisme lors de la synthèse de la mélanine. On distingue l'absence complète de pigmentation, ou albinisme total, et absence partielle (comme celle du lapin russe), un cas d'albinisme où seules certaines parties du corps sont dépourvues de pigmentation et qui entraîne également une absence de couleur de la peau.

Dans un certain nombre de races blanches, l'œil rouge caractérise l'absence de pigmentation ; en fait, l'iris est incolore, mais comme on aperçoit la rétine au-delà du cristallin avec sa multitude d'artères et de capillaires, c'est la couleur du sang qui transparaît. Il faut savoir que ces animaux sont gênés par une lumière trop crue.

Qu'est-ce que le leucisme ?

En matière d'élevage sélectif, l'exemple le plus parlant du résultat de manipulations génétiques visant à inhiber un caractère héréditaire touchant à la couleur est sans conteste le viennois blanc : certes, ce lapin dispose dans ses gènes d'un facteur chromatique, mais la couleur ne ressort pas et son pelage reste blanc. Contrairement à l'albinos, cet animal a conservé une part de pigmentation qui fait paraître son œil clair et bleu.

Œil bleu caractéristique du leucisme

Petit cours sur les races

La science qui traite des races fixe les critères qui permettent de les déterminer ; les facteurs de différenciation sont standardisés et trouvent leur aboutissement dans l'idée qu'on ne se contente pas de sélectionner des animaux d'élevage en fonction de leur beauté. L'aspect imposé d'un animal de concours est conforme à un classement double selon des « caractéristiques spécifiques d'une race donnée » et des « caractéristiques physiques » spéciales. Les deux groupes ont des typologies peu tranchées, ce dont on s'aperçoit par exemple très bien dans le cas des lapins béliers : le corps imposant, la tête si particulière et les oreilles tombantes sont le fait d'une race pure. Dans le cas des races tachetées, comme le petit papillon anglais, les motifs de la robe et la morphologie sont à considérer comme un tout ; le motif en maillons – qu'on appelle « chaînes » – situé des deux côtés du corps, n'aurait jamais aussi belle allure si l'on avait fait au papillon anglais une charpente trapue. Toutes les caractéristiques et les impératifs qui font qu'une race s'impose comme telle sont les fruits de longues années d'efforts en matière d'élevage sélectif ; pour confirmer qu'un caractère génétique a « percé » et qu'un nouveau génotype est né, les animaux sont régulièrement présentés lors de foires-expositions de haute volée, et notés par des membres de la Commission des standards qui passent au crible les améliorations décelées dans la race naissante et la propagation de cette dernière. Si elle satisfait aux exigences, elle se voit reconnaître un statut officiel et entre dans le standard officiel. Lorsqu'on a affaire à une race en devenir, l'éleveur se met d'accord avec la Commission des standards pour établir un cahier des charges servant de fil conducteur dans la création du nouveau phénotype. La façon de procéder est d'ailleurs pratiquement la même dans tous les pays.

Le phénotype

C'est ainsi qu'on désigne l'apparence de l'animal. En matière d'élevage sélectif et d'évaluation, le phénotype est un cadre approximatif applicable à toutes les races et dans lequel s'inscrivent les caractéristiques morphologiques de chacune d'entre elles.
Pour toutes les races, on peut dire que largeur du corps et la longueur du tronc doivent équivaloir au tiers de la longueur du corps. Les autres proportions sont les suivantes : tête et dos larges, nuque courte et musculeuse, bassin bien arrondi, l'idéal étant que le tronc soit d'une largeur constante de la région scapulaire au bassin, dos de forme régulière, galbé du cou au bassin, cuisses bien collées au corps, tête bien près du tronc. Les oreilles doivent être proportionnées au corps quant à leur longueur, être d'une texture ferme et joliment arrondies en leur extrémité supérieure, ne pas comporter de plis et rester bien verticales. Il est des

races, comme les géantes, les naines ou bien les béliers, pour lesquelles les oreilles font partie des caractéristiques imposées ; elles sont d'ailleurs mesurées lors des concours.

La charpente du lapin a pour caractéristique principale d'être solide ; cela se voit le plus souvent à l'œil nu, mais il faut parfois, comme pour le lapin angora, s'en assurer en le palpant. Le squelette doit impérativement être en bonne santé, ce sous une fourrure en quelque sorte bien ajustée ; en revanche, on n'aime pas, dans les milieux cunicophiles, voir des formes de troncs s'amenuisant vers le haut ou s'avachissant vers le bas, pas plus du reste que des troncs pointus. En outre, à une charpente conforme aux critères doivent être assorties des pattes solides et droites ; le lapin doit faire des pas courts, en ce qu'on nomme une « démarche de chat » ; les pattes postérieures doivent être parallèles au corps. On refuse les omoplates saillantes, et la queue doit être droite et collée au corps. Une fois la description morphologique établie (légèrement élancée, élancée, ramassée ou massive), le phénotype d'une race est facile à cerner. On peut dire en résumé que le phénotype d'une race en particulier est fonction de la morphologie et de la charpente du lapin.

Parmi les races à motifs, on compte par exemple les petits papillons.

Caractéristiques déterminantes pour la définition d'une race

Étant donné que les phénotypes ne suffisent pas à déterminer les races, on a coutume de classer celles-ci en fonction de leurs caractéristiques morphologiques, comme la couleur ou les motifs de la robe, les marques, les signes particuliers, ou encore les spécificités du pelage.

On regroupe les races de lapins d'abord en fonction des classes de poids : grandes, moyennes, petites et naines, ces dernières se retrouvant dans presque toutes les catégories de robes unicolores ou de palettes de motifs. On distingue aussi les races déterminées par la structure de pelage (le satin, par exemple), celles à poils courts (comme le rex) ou à poils longs (comme l'angora ou le renard).

Les races basées sur la couleur sont celles pour lesquelles le classement est tout à fait évident : on trouve le gris dont il existe les nuances noir, brun (havane ou chocolat), bleu, paille, roux, sans oublier la couleur « feh ». Les gènes à l'origine de changements vont par exemple faire que d'une couleur pure on arrive à de nouvelles robes, comme dans le cas des races d'argentés ; on obtient ainsi une fourrure aux reflets givrés si l'on génère des poils recteurs à extrémités blanches.

Il existe des races basées sur des marques apparaissant sur la tête, les oreilles, le dos ou les flancs : au nombre de ces types, on trouve les papillons rhénans, les petits papillons, les papillons anglais, des hollandais, les hotots, mais aussi des japonais et des lohs. Par opposition, on trouve les races à marques, qui sont distinctes des précédentes en ce sens que les limites des plages de couleur, sur la tête ou le tronc, sont à certains endroits moins nettes et qu'il y a un dégradé vers la couleur du reste de la robe ; le fait est que les standards n'exigent pas, ici, de transitions aussi tranchées. On compte parmi ces races les martres, les siamois, les thuringe ou les soies blancs (weissgrannen), pour ne citer qu'eux. Pour les races semi-albinos, comme les russes ou les californiens, les marques présentes sur la tête et sur les oreilles sont à considérer à part, la couleur des pattes antérieures et postérieures, ainsi que de la queue faisant partie intégrante du tronc dans la différenciation. Dans le cas des satins ou des poils longs, les caractéristiques d'une race tiennent autant compte du genre de pelage que de sa couleur.

RACES DE LAPINS

Géant bleu des Flandres

Origine

Belgique.

Répartition

Aux Pays-Bas et en Flandre et, lorsqu'il est géant, dans le monde entier.

Caractéristiques de la race

Charpente longue et large ; vu d'en haut, et si le tronc est plus ou moins parallélépipédique, il est bien proportionné. La tête est forte et agrémentée de grandes oreilles charnues mesurant au moins 17 à 19 cm. Pour toutes les nuances existantes, la couleur de la robe est pure.

Couleurs

Ce sont le gris garenne, le gris lièvre, l'anthracite, le gris fer, le gris bleu, le bleu, le noir, le paille, le blanc, le couleur lièvre.

Conditions de vie

En vastes clapiers à cloisons hautes.

Particularités

En déclin dans le commerce en dépit de performances satisfaisantes. Le poids minimum est de 6 kg, et on trouve des adultes pesant plus de 7,5 kg.

Géant noir des Flandres

Origine
Belgique.

Répartition
Aux Pays-Bas et en Flandre et, lorsqu'il est géant, dans le monde entier.

Caractéristiques de la race
Les aspects typiques en sont : la charpente, la solide tête ainsi que les oreilles charnues et longues, mesurant au moins 17 à 19 cm. Pour chacune des variantes, la couleur de la robe est pure.

Couleurs
Ce sont le gris garenne, le gris lièvre, l'anthracite, le gris fer, le gris bleu, le bleu, le noir, le paille, le blanc, le couleur lièvre.

Conditions de vie
En vastes clapiers à cloisons hautes.

Particularités
En déclin dans le commerce en dépit de performances satisfaisantes. Le poids minimum est de 6 kg, et on trouve des adultes pesant plus de 7,5 kg.

Géant gris lièvre des Flandres

Pays d'origine
Belgique.

Répartition
Aux Pays-Bas et en Flandre et, lorsqu'il est géant, dans le monde entier.

Caractéristiques de la race
Les aspects typiques en sont : la charpente, la solide tête ainsi que les longues oreilles portées droites et mesurant au moins 17 à 19 cm. Pour chacune des variantes, la couleur de la robe est pure.

Couleurs
Ce sont le gris garenne, le gris lièvre, l'anthracite, le gris fer, le gris bleu, le bleu, le noir, le paille, le blanc, le couleur lièvre.

Conditions de vie
En vastes clapiers à cloisons hautes.

Particularités
En déclin dans le commerce en dépit de performances satisfaisantes. Le poids minimum est de 6 kg, et on trouve des adultes pesant plus de 7,5 kg.

Géant gris fer des Flandres

Pays d'origine
Belgique.

Répartition
Aux Pays-Bas et en Flandre et, lorsqu'il est géant, dans le monde entier.

Caractéristiques de la race
Les aspects typiques en sont : la charpente, la solide tête ainsi que les oreilles charnues et longues mesurant au moins 17 à 19 cm. Pour chacune des variantes, la couleur de la robe est pure. Jusqu'à ce jour, aucune race n'a atteint cette taille.

Couleurs
Ce sont le gris garenne, le gris lièvre, l'anthracite, le gris fer, le gris bleu, le bleu, le noir, le paille, le blanc, le couleur lièvre.

Conditions de vie
En vastes clapiers à cloisons hautes.

Particularités
En déclin dans le commerce en dépit de performances satisfaisantes. Le poids minimum est de 6 kg, et on trouve des adultes pesant plus de 7,5 kg.

GÉANT ALLEMAND

Pays d'origine

En 1885, ce géant provenant d'un élevage de Belgique fut introduit en Allemagne sous l'appellation de géant belge ; on en modifia le programme sélectif en 1937, afin de faire baisser son poids et la longueur de son tronc, puis on le rebaptisa du nom qu'il porte aujourd'hui.

Répartition

En Allemagne.

Caractéristiques de la race

D'une longueur idéale d'environ 72 cm, il a un grand corps allongé, profond et large, en adéquation avec un squelette massif. Son trait le plus remarquable sont ses grandes oreilles charnues d'une longueur minimale de 15 cm environ.

Couleurs

Ce sont le gris garenne, le gris lièvre, l'anthracite, le gris fer, le couleur lièvre, mais on peut parfaitement en trouver d'autres (*voir* photo).

Conditions de vie

En vastes clapiers à cloisons hautes.

Particularités

En déclin dans le commerce en dépit de performances satisfaisantes. Étant l'une des plus anciennes, cette race est à considérer comme faisant partie d'un patrimoine culturel. Ce lapin pèse au moins 5,5 kg, et son poids normal est de 7 kg et plus.

Géant allemand blanc

Pays d'origine

Cette race est née en 1904 en Allemagne et a été reconnue officiellement comme propre à la vente en 1930 ; lorsque ce lapin est blanc, c'est un albinos, et sa taille est alors inférieure à celle de ses congénères de couleur.

Répartition

En Allemagne.

Caractéristiques de la race

Le phénotype est le même que celui du géant allemand.

Couleurs

Albinos (blanc).

Conditions de vie

En vastes clapiers à cloisons hautes, avec la possibilité de se mouvoir suffisamment.

Particularités

Il pèse au moins 5 kg, et son poids normal est de 6,5 kg et plus.

GÉANT PAPILLON ALLEMAND

Pays d'origine

Au départ, il vient de France, où on l'appelle papillon en raison du motif qu'il porte sur le museau. En Belgique, on s'attacha à accroître sa taille, au mépris des dessins et on commença de présenter les premiers spécimens en Allemagne en 1897, en tant que lapins de campagne belges ou allemands, lors de grandes foires-expositions. La race obtint ses lettres de noblesse en 1908 sous l'appellation actuelle.

Répartition

En Allemagne.

Caractéristiques de la race

Des taches bien visibles à la tête et sur le tronc.

Couleurs

Noir et blanc, bleu et blanc, havane et blanc.

Conditions de vie

En vastes clapiers à cloisons hautes, avec la possibilité de se mouvoir suffisamment.

Particularités

Une race qui ne manque pas d'attraits et à nette valeur culturelle, très performante. Son poids idéal est de plus de 6 kg, mais il n'en existe aucune limite vers le haut.

BÉLIER ALLEMAND

Pays d'origine

Initialement, les animaux à oreilles tombantes n'étaient connus que dans les élevages d'Allemagne et de France, où c'est à leur viande et à leur fourrure qu'on attachait de l'importance, tandis que dans ceux d'Angleterre, c'étaient les oreilles démesurées qui prévalaient. C'est en 1869 que le genre bélier français arriva en Allemagne, et en 1880 qu'il fut reconnu comme race à part entière, avant d'être modifié par sélection en robuste bélier allemand.

Répartition

En Allemagne.

Caractéristiques de la race

Ce phénotype se distingue par un corps solide ainsi que par une tête à voussure en couronne (correspondant à la naissance des oreilles), le tout en harmonie avec les oreilles tombantes.

Couleurs

Tous les tons de gris, de blanc, ainsi que beaucoup des couleurs pures que l'on retrouve chez d'autres races de lapin (gris garenne sur la photo).

Conditions de vie

En vastes clapiers à cloisons hautes et avec la possibilité de se mouvoir suffisamment.

Particularités

Ce sont des animaux tranquilles, performants et très appréciés partout. Le poids normal se situe au-dessus des 5,5 kg et il n'y a pas de limite vers le haut.

BÉLIER ALLEMAND PAPILLON

Origine
Comme pour le bélier allemand.

Répartition
Il est présent dans le standard de l'Union européenne où on l'élève dans trois pays en tant que race agréée.

Caractéristiques de la race
Ce type de bélier est impressionnant, comme du reste le motif tacheté d'une robe dont on dirait qu'elle « est posée sur l'animal » ; les oreilles tombantes font dans les 38 à 45 cm de long.

Couleurs
On les élève dans les tons de gris, dans les couleurs pures que l'on retrouve chez d'autres races de lapin, mais également en couleur thuringe (noir et blanc sur la photo).

Conditions de vie
En vastes clapiers à cloisons hautes, avec la possibilité de se mouvoir suffisamment.

Particularités
Le dessin papillon de la robe tachetée représente, à chaque étape de la sélection, une véritable gageure.

BÉLIER ALLEMAND PAILLE

Origine
Comme pour le bélier allemand.

Répartition
Il est très répandu.

Caractéristiques de la race
On a ici affaire à un bélier typique à robe paille ; seules les marques couleur garenne de la fourrure du ventre, de la face inférieure de la queue, de la région du menton et le maquillage des yeux, se détachent en blanc.

Couleurs
Son génotype fait qu'on ne peut obtenir d'autres couleurs que le paille.

Conditions de vie
En vastes clapiers à cloisons hautes, avec la possibilité de se mouvoir suffisamment.

Particularités
Le poids normal se situe au-dessus des 5,5 kg et il n'y a pas de limite vers le haut.

Blanc de Bouscat

Origine

C'est vers 1924 qu'il a vu le jour à partir de géants des Flandres, d'argentés de Champagne et d'angoras.

Répartition

En France et dans les pays limitrophes ; la race est agréée par le standard européen.

Caractéristiques de la race

On est ici en présence d'un corps légèrement allongé, élégant mais puissant ; la tête est bien formée et agrémentée d'un front un peu bombé et des oreilles en V d'une longueur idéale de 15 à 18 cm. Le pelage est particulièrement fourni et long, les nombreux poils recteurs produisent un certain reflet givré.

Couleurs

Il n'en existe pas d'autre.

Conditions de vie

En vastes clapiers qu'il faut tenir très propres.

Particularités

Le poids idéal de ce sportif se situe dans les 6,5 kg mais il n'y a pas de limite vers le haut.

Bleu de Moravie
Mähren

Origine
La Moravie, au sud-est de la République tchèque.

Répartition
En République tchèque.

Caractéristiques de la race
Il faut que le pelage de surface soit uniformément bleu acier et qu'il présente des nuances claires ; des taches sombres seraient un défaut. Le corps est de forme cylindrique, les yeux sont gris-bleu.

Couleurs
N'existe qu'en bleu.

Conditions de vie
En vastes clapiers tenant compte des dimensions de l'animal ; comme la lumière du soleil décolore son pelage, il est recommandé de prévoir une bonne protection.

Particularités
Conformément au standard européen, le poids idéal commence à 5,5 kg et n'a pas de limite vers le haut.

Bleu de Saint-Nicolas

Origine
Belgique.

Répartition
Figurant au standard européen, on en trouve des élevages sélectifs dans au moins trois pays de l'Union.

Caractéristiques de la race
Au nombre des spécificités, citons la lumineuse couleur bleuâtre uniforme du pelage de surface ainsi que la tête longiligne qui, de côté, doit avoir une forme de losange.

Couleurs
N'existe qu'en bleu.

Conditions de vie
En vastes clapiers tenant compte des dimensions de l'animal.

Particularités
Conformément au standard européen, le poids idéal se situe entre 5,5 kg et 6 kg. Les animaux appartenant à cette race sont très équilibrés ; on les rencontre surtout dans les élevages sportifs ou chez certains accrocs.

Lapin-lion belge

Origine
On a affaire ici à une création franco-belge non reconnue, que l'on nomme belge à barbe dans les pays germaniques.

Répartition
Cette race commence à avoir du succès auprès des éleveurs allemands.

Caractéristiques de la race
La tête, les épaules et le bassin sont recouverts de longs poils – l'aspect de crinière ayant conduit à l'appellation – et les oreilles sont très larges ; le pelage est gris-roux avec des plages plus sombres sur les flancs et au niveau des longs poils, tandis que ventre reste plus clair.

Couleurs
Aucune autre couleur n'est à consigner.

Conditions de vie
En vastes clapiers tenant compte des dimensions de l'animal.

Particularités
Ces animaux sont performants, à croissance rapide, et on dénombre peu de pertes. Les adultes atteignent environ 6 kg, et ils peuvent être consommés dès l'âge de six mois.

Bélier de Meissen

Origine

Créé par Leo Reck, de Meissen, qui souhaitait transférer le givre (reflets argentés dus aux pointes blanches du pelage de surface) du petit argenté, race reconnue à l'époque, au phénotype du bélier ; le premier spécimen fut présenté au public en 1906.

Répartition

On le trouve en Allemagne, mais il est à considérer comme une rareté.

Caractéristiques de la race

Il partage tout avec le bélier allemand, mais son corps est légèrement allongé et moins massif et trapu ; ses oreilles tombantes font de 38 à 42 cm.

Couleurs

Noir, bleu, brun, paille, havane (noir à reflets argentés sur la photo).

Conditions de vie

Il faut veiller à choisir des clapiers relativement grands pour les races moyennes également, et à protéger ces animaux du soleil et de trop de rayons ultraviolets en général, car leur pelage risque de se décolorer.

Particularités

Race intéressante aux performances satisfaisantes, mais dont l'élevage n'est pas des plus faciles. Le cadre pondéral : minimum 3,5 kg, normal 4,5 kg, maximum 5,5 kg.

GRAND ARGENTÉ CLAIR

Origine

Créé en France et exporté en Angleterre au début du XIXe siècle, puis en Allemagne, où les premiers spécimens arrivèrent en 1911. Ils ont largement été diffusé sous l'appellation de grand argenté de France.

Répartition

Très répandu partout.

Caractéristiques de la race

De riches effets argentés combinés à toutes sortes de reflets givrés provenant de poils recteurs saillants noirs ; tout le corps est concerné, des oreilles aux pattes en passant par le museau. À la naissance, ces lapins ont une robe entièrement noire, et ce n'est qu'au moment de la première mue qu'ils prennent leur teinte argentée.

Couleurs

Ils ne sont agréés qu'en noir avec un maximum d'effets givrés.

Conditions de vie

Les dimensions des clapiers doivent correspondre à ce que l'on fait de plus grand pour les races moyennes.

Particularités

Race très prolifique que l'on apprécie également pour sa viande. Le poids maximum est de 5,5 kg.

GRAND CHINCHILLA

Origine

C'est le « petit modèle » qui a d'abord été créé en France et exposé pour la première fois en 1913 ; on l'a baptisé ainsi parce que sa fourrure rappelait celle de la souris éponyme. En 1915, il fit son apparition en Angleterre où on le croisa avec des lapins géants, faisant ainsi passer le poids de cette race de 2,5 à 4 kg. Vers 1920, les premiers spécimens arrivèrent en Allemagne *via* les Pays-Bas.

Répartition

Répandu dans tous les pays d'Europe, où il correspond au standard.

Caractéristiques de la race

Le trait le plus marquant est le jeu des couleurs de la robe, le pelage de surface étant moiré, couleur cendre, mais dans des tons clairs et avec d'intéressants reflets bleuâtres ; cet effet est dû à un fond blanc et noir d'où émergent des poils recteurs noirs.

Couleurs

Cette race est unique, tant du point de vue de ses coloris que de sa taille.

Conditions de vie

Les dimensions des clapiers doivent correspondre à ce que l'on fait de plus grand pour les races moyennes.

Particularités

Cette race très prolifique ne réservant jamais de surprise lors de l'élevage, on arrive sans problème à des nombres conséquents d'individus ; leur poids maximum est de 5,5 kg.

Papillon de Mecklembourg

Origine
Provenant de la région de Mecklembourg-Poméranie occidentale, cette race a été pour la première fois présentée au public en 1980.

Répartition
Race répandue dans toute l'Europe.

Caractéristiques de la race
Les oreilles sont droites et la robe, tachetée.

Couleurs
Blanc et noir, blanc et roux, blanc et bleu.

Conditions de vie
Les dimensions des clapiers doivent correspondre à ce que l'on fait de plus grand pour les races moyennes ; il faut veiller à protéger ces animaux du soleil et de trop de rayons ultraviolets en général, car leur pelage risque de se décolorer.

Particularités
La race étant assez prolifique et ne posant que peu de problèmes lors de l'élevage, on peut compter sur une nombreuse descendance.

BÉLIER ANGLAIS

Origine
La race fut créée au XIXe siècle en Grande-Bretagne.

Répartition
On n'en trouve pratiquement plus d'élevages en Europe.

Caractéristiques de la race
On a affaire ici à une variante particulièrement frappante du genre bélier, puisque les oreilles sont très longues et qu'elles pendent très bas.

Couleurs
Toutes les couleurs pures en sont agréées, mais le tacheté est autorisé aussi.

Conditions de vie
Il faut à ces lapins énormément de place et une litière fournie.

Particularités
Race très calme.

GRAND ARGENTÉ ALLEMAND

Origine
Créé au début du XXe siècle à partir de croisements de grand argentés français avec de petites races argentées bleues d'Allemagne.

Répartition
Répandu en Allemagne.

Caractéristiques de la race
Afin de mieux réussir à les différencier, on opéra des sélections jusqu'à obtenir un corps de grand argenté allemand plus allongé que celui du grand argenté clair, et doté d'un pelage moins long dont la couleur de surface était plus sombre malgré les reflets argentés.

Couleurs
Noir argenté, bleu argenté, paille argenté, havane argenté.

Conditions de vie
Il faut prévoir un vaste clapier qui soit protégé des rayons trop crus du soleil, afin d'éviter de voir le pelage se décolorer.

Particularités
Les poids oscillent entre 4,25 kg pour le normal, 3,25 kg pour le minimum, et 5,25 kg pour le maximum.

Fauve clair de Bourgogne

Origine
Créé en Bourgogne avant la Première Guerre mondiale.

Répartition
Répandu en Europe en général ; notons que cette race tend à s'imposer de plus en plus.

Caractéristiques de la race
La couleur du pelage de surface est d'un roux pastel très chaud, les yeux sont marron. Ce lapin a un corps légèrement allongé, il est relativement haut sur pattes et ses oreilles sont un peu plus longues que pour les races comparables.

Couleurs
Il n'en existe pas d'autre.

Conditions de vie
Les dimensions des clapiers doivent correspondre à ce que l'on fait de plus grand pour les races moyennes.

Particularités
On a affaire ici à un animal de taille moyenne dont le poids idéal oscille entre 4,25 et 5,25 kg.

Bleu de Vienne

Origine

Les lapins bleus ont toujours existé ; d'ailleurs, un chercheur néerlandais renommé, Leeuwendhoek (1632-1723), qui les connaissait bien, en a fourni des descriptions. C'est sur la place du Prater, à Vienne, qu'eut lieu en 1895 la première présentation d'une race qui devait, par la suite, se distinguer par l'excellence de sa couleur et de sa fourrure, ainsi que par ses qualités commerciales.

Répartition

Répandu dans toute l'Europe.

Caractéristiques de la race

Le pelage de surface possède un bel éclat, et sa couleur, très pleine, se situe entre le bleu medium et le bleu nuit.

Couleurs

Chacune des variantes viennoises représentant une race en soi, on a affaire à une couleur bien précise par occurrence.

Conditions de vie

Les clapiers doivent être vastes et offrir une protection contre les rayons du soleil, qui risqueraient de décolorer le pelage des animaux.

Particularités

Le poids idéal se situe entre 4,25 et 5,25 kg.

VIENNOIS GRIS-BLEU

Origine

Il s'agit d'une race qui n'a été homologuée par le Standard que très tard, en 1997 ; en effet, elle avait déjà été reconnue officiellement en 1936, puis elle était tombée dans l'oubli pendant plus d'un demi-siècle.

Répartition

Répandu en Allemagne.

Caractéristiques de la race

Un pelage de surface à la fois bleu et crème, combiné à des poils recteurs à pointes bleues, confère à la robe de ce lapin des reflets élégants tout à fait particuliers.

Couleurs

Chacune des variantes viennoises représentant une race en soi, on a affaire à une couleur bien précise par occurrence.

Conditions de vie

Les clapiers doivent être vastes et offrir une protection contre les rayons du soleil qui risqueraient de décolorer le pelage des animaux.

Particularités

Le poids idéal se situe entre 4,25 et 5,25 kg.

NOIR DE VIENNE

Origine
Cette race a été exposée pour la première fois en 1925.

Répartition
Répandu dans toute l'Europe.

Caractéristiques de la race
Le corps est large, cylindrique et musculeux, ce qui ne l'empêche pas d'être légèrement allongé ; le pelage est d'un noir profond et brillant, tandis que les yeux et les griffes sont marron foncé.

Couleurs
Chacune des variantes viennoises représentant une race en soi, on a affaire à une couleur bien précise par occurrence.

Conditions de vie
Les clapiers doivent être vastes et offrir une protection contre les rayons du soleil qui risqueraient de décolorer le pelage des animaux.

Particularités
Le poids idéal se situe entre 4,25 et 5,25 kg.

Blanc de Vienne

Origine

La race a été créée au début du XXe siècle, à Vienne ; les premiers spécimens arrivèrent en 1910 en Allemagne et il fallut attendre 1930 pour qu'elle soit homologuée.

Répartition

Répandu en Allemagne et dans certaines parties de l'Europe.

Caractéristiques de la race

Le corps est large, cylindrique et musculeux, ce qui ne l'empêche pas d'être légèrement allongé ; le pelage est d'un blanc immaculé, tandis que l'iris est bleu et les griffes sans pigment mais d'une teinte tirant sur le blanc.

Couleurs

Chacune des variantes viennoises représentant une race en soi, on a affaire à une couleur bien précise par occurrence.

Conditions de vie

Les clapiers doivent être vastes et offrir une protection contre les rayons du soleil qui risqueraient de décolorer le pelage des animaux.

Particularités

Le poids idéal se situe entre 4 et 5 kg.

GRIS DE VIENNE

Origine

Cette variété a très longtemps représenté une race grise à part entière, indépendante, en quelque sorte. C'est en 1962 qu'elle a été rattachée au tronc viennois.

Répartition

Répandu dans toute l'Europe.

Caractéristiques de la race

Le corps est large et cylindrique, sans pour autant paraître massif ; l'animal parfait doit avoir une tête solide et des oreilles courtes et charnues.

Couleurs

Chacune des variantes viennoises représentant une race en soi, on a affaire à une couleur bien précise par occurrence ; on trouve ici des lapins gris garenne, gris lièvre, et anthracite.

Conditions de vie

Les clapiers doivent être vastes, de dimensions conformes à la taille des races moyennes.

Particularités

Le poids idéal se situe entre 4 et 5 kg.

Blanc de Hotot

Origine

C'est la localité où vivait l'éleveuse, dans le nord de la France, qui a donné son nom à cette création en 1910.

Répartition

Répandu dans toute l'Europe.

Caractéristiques de la race

Si le corps est large et cylindrique, il n'en a pas moins une forme légèrement allongée ; le trait le plus marquant est l'œil marron souligné de noir, le tout tranchant sur une fourrure blanche.

Couleurs

N'existe qu'en blanc et noir.

Conditions de vie

Les clapiers doivent être vastes, de dimensions conformes à la taille des races moyennes, et impeccables.

Particularités

Si ce lapin est passionnant à élever, c'est qu'il doit son apparence particulière au croisement de deux génotypes différents de papillons. Son poids idéal se situe entre 4 et 5 kg.

NÉO-ZÉLANDAIS ROUX

Origine

En dépit de son appellation, ce type de lapin est né en Californie ; on lui compte un grand nombre de pères, que ce soit en Amérique, en Grande-Bretagne, en France, en Suisse ou aux Pays-Bas. Chacun de ces aïeux a laissé une empreinte génétique visible, ce qui a fait évoluer les caractéristiques jusqu'à ce que la race soit homologuée en 1936.

Répartition

Répandu dans le monde entier, avec parfois des variantes.

Caractéristiques de la race

Le pelage est d'un roux franc et uniforme et le corps légèrement allongé et de forme cylindrique.

Couleurs

Aucune autre.

Conditions de vie

Les clapiers doivent être vastes, de dimensions conformes à la taille des races moyennes, et propres ; les rayons du soleil sont préjudiciables à l'uniformité de la couleur de la robe.

Particularités

Le poids minimum est de 3 kg, l'idéal se situant entre 4 et 5 kg.

NÉO-ZÉLANDAIS BLANC

Origine
Cette race vient également de Californie ; ajoutons que son nom n'a strictement rien à voir non plus avec le néo-zélandais roux.

Répartition
Répandu dans une partie de l'Europe.

Caractéristiques de la race
Le corps est large, tassé et musculeux, la tête large et courte, tandis que les oreilles sont très charnues et abondamment velues ; ce lapin a tout ce qui constitue un albinos, des yeux rouges au pelage d'un blanc éclatant, du reste, très fourni.

Couleurs
N'existe qu'en blanc.

Conditions de vie
Les clapiers doivent être vastes, de dimensions conformes à la taille des races moyennes. En outre, il est recommandé de ménager la rétine assez fragile des albinos en prévoyant une protection solaire au clapier.

Particularités
Le poids idéal se situe entre 4 et 5 kg.

GRAND ZIBELINE

Origine
On a affaire ici à une race très récente, qui n'était connue initialement qu'en Allemagne orientale ; elle a été intégrée au Standard général allemand en 1991. Les premières sélections avaient eu pour but d'obtenir une fourrure de lapin ressemblant à celle de la martre, autre nom de la zibeline.

Répartition
Plutôt peu répandu, vu que la race n'existe pas depuis longtemps.

Caractéristiques de la race
Les aspects remarquables sont ici que le pelage comporte des marques sombres faisant contraste avec le fond d'un beau brun éclatant ; elles se situent principalement au niveau du masque et du museau, des oreilles, de la queue et des pattes. Notons également des plages plus foncées sur les flancs et la partie scapulaire et, sous forme de bande, sur toute la partie dorsale.

Couleurs
Seule cette teinte est agréée.

Conditions de vie
Les clapiers doivent être vastes, de dimensions conformes à la taille des races moyennes.

Particularités
En général, tous les représentants de cette race sont partiellement albinos et, dans les élevages, les sélections s'opèrent conformément aux lois de Mendel. Le poids idéal d'un tel lapin se situe entre 4 et 5 kg.

Californien

Origine
Ce lapin est né en 1922, en Californie. Au départ, les sélections visaient à obtenir un animal à viande le plus charnu possible. Ce n'est que plus tard que l'on commença de s'intéresser à la beauté de sa robe.

Répartition
Répandu dans toute l'Europe, avec toutefois de légères divergences dans les critères de sélection, d'un pays à l'autre ; il est connu également sous l'appellation de grand russe.

Caractéristiques de la race
Les marques colorées que l'animal porte sur les oreilles, le museau, la queue et les pattes sont le fait d'un traitement par le froid auquel il est soumis ; elles s'atténuent dès que la température s'élève.

Couleurs
Noir, bleu, havane.

Conditions de vie
Les clapiers doivent être vastes et propres ; il est conseillé de les placer à l'ombre pour limiter les agressions des yeux rouges par la lumière crue.

Particularités
Il s'agit d'un lapin partiellement albinos dont les parties du corps à poils plus ras sont susceptibles de foncer sous l'effet du froid. Le poids maximum est de 5 kg.

Japonais noir-paille

Origine
Cette race, née en France, fut présentée à Paris lors de l'Exposition universelle de 1889 ; elle doit son nom aux divers coloris de sa robe, teintes alors associées à l'image qu'on avait du Japon.

Répartition
Répandu dans le monde entier avec ce panaché de noir et de paille. On trouve des divergences de poids d'un pays à l'autre.

Caractéristiques de la race
Les motifs colorés japonisants, répartis des deux côtés du corps de l'animal, comme autant de taches ou de bandes, doivent présenter un maximum de contrastes. La ligne générale est cylindrique comme dans la plupart des races. Les yeux sont marron.

Couleurs
Noir-paille, bleu-paille, brun-paille.

Conditions de vie
Les clapiers doivent être vastes, de dimensions conformes à la taille des races moyennes.

Particularités
Chaque lapin est unique au sein de son élevage et doit peser au minimum 2,75 kg, 3,75 kg pour un poids normal et entre 3,75 et 4,5 kg pour un poids idéal.

Japonais bleu-paille

Origine

Cette race, qui est née en France, fut présentée à Paris lors de l'Exposition Universelle de 1889 ; elle doit son nom aux divers coloris de sa robe, toutes teintes étant associées à l'image qu'on avait alors du Japon.

Répartition

On trouve ce lapin aux Pays-Bas, mais de plus en plus rarement.

Caractéristiques de la race

Les aspects les plus remarquables sont ici la robe aux motifs variés, la pureté des teintes et la répartition des plages de couleurs. Le corps est cylindrique. L'iris est gris-bleu, mais marron quand le lapin est brun-paille.

Couleurs

Noir-paille, bleu-paille, brun-paille.

Conditions de vie

Les clapiers doivent être vastes, de dimensions conformes à la taille des races moyennes.

Particularités

Bien qu'on ne retienne, dans les sélections, que les sujets de pure race, l'élevage de japonais réserve toujours des surprises : en effet, si les couleurs sont prévisibles, les motifs de la robe n'apparaissent jamais immédiatement. Le poids idéal se situe entre 3,75 et 4,5 kg.

Papillon rhénan

Origine

Cette race, qui vient d'Allemagne, a été obtenue par croisements en 1902 et homologuée par le Standard allemand dès 1905 ; cependant, les motifs actuels de la robe ne sont apparus que plus tard.

Répartition

On trouve ce papillon non seulement en Europe, mais dans le monde entier, et sa robe compte parfois trois couleurs.

Caractéristiques de la race

Ce sont ses ascendants à motifs japonisants qui impriment au pelage de ce lapin son aspect tricolore ; ainsi le Standard impose-t-il aux éleveurs de cette race que les dessins soient toujours couleur noir et paille.

Couleurs

Il n'en existe aucune autre.

Conditions de vie

Les clapiers doivent être vastes, de dimensions conformes à la taille des races moyennes, et propres.

Particularités

Les motifs papillon de cette race proviennent d'une sélection obéissant aux lois de Mendel en matière d'hérédité ; dans les portées, on trouve parmi les lapereaux des sujets à couleurs « japonaises », des sujets presque blancs, et d'autres dont les dessins sont typiques. Le poids idéal se situe entre 3,75 et 4,5 kg.

RIJNLANDER
(GENRE PAPILLON RHÉNAN)

Origine
Cette race vient d'Allemagne et des Pays-Bas.

Répartition
On ne trouve ce lapin dans ces coloris qu'aux Pays-Bas.

Caractéristiques de la race
Ce sont ses ascendants à motifs japonisants qui impriment au pelage de ce lapin son aspect tricolore ; ainsi le Standard impose-t-il aux éleveurs de cette race que les teintes bleu et paille se retrouvent tant au niveau des petites taches que des divers dessins de la tête et du tronc.

Couleurs
Bleu-paille-blanc, noir-paille-blanc.

Conditions de vie
Les clapiers doivent être vastes, de dimensions conformes à la taille des races moyennes, et propres.

Particularités
Les motifs papillon de cette race proviennent d'une sélection obéissant aux lois de Mendel en matière d'hérédité.

Chamois de Thuringe

Origine

Huit spécimens de cette race, née d'une sélection dans la province allemande de Thuringe au début du XXe siècle, furent exposés à Leipzig huit spécimens dès 1906.

Répartition

On trouve ce lapin en Allemagne et dans les pays limitrophes.

Caractéristiques de la race

Le profane trouvera certainement que cette race rappelle le grand zibeline, mais la ressemblance s'arrête à l'aspect extérieur, puisque le génotype en est complètement différent. C'est le contraste entre le fond roux de la robe et le marron très foncé des marques qui est typique ici.

Couleurs

Il n'en existe pas d'autre ; les seuls variantes se situent au niveau des teintes, du clair vers le très sombre. Les préférées des éleveurs sont en général celles qui ne sont pas trop prononcées.

Conditions de vie

Les clapiers doivent être vastes, de dimensions conformes à la taille des races moyennes, et propres. Prévoir une bonne protection solaire au clapier, faute de quoi le pelage risque de se décolorer.

Particularités

Les deux premières semaines, les lapereaux ont un pelage couleur chair ; par la suite, la coloration s'opère et, dans la plupart des cas, elle est achevée au huitième mois. Le poids idéal se situe entre 3,5 et 4,25 kg.

Chamois de Thuringe bleu

Origine
Cette race vient d'Allemagne et des Pays-Bas.

Répartition
On trouve ce lapin aux Pays-Bas.

Caractéristiques de la race
Le génotype est reconnaissable aux marques, les mêmes que pour l'original allemand ; en revanche, ici, les tons bleus et paille dominent.

Couleurs
Cette race est encore très peu répandue.

Conditions de vie
Les clapiers doivent être vastes, de dimensions conformes à la taille des races moyennes, et propres. Prévoir une bonne protection solaire au clapier, faute de quoi le pelage risque de se décolorer.

Particularités
Le poids idéal se situe entre 3,5 et 4,25 kg.

Noir et blanc

Origine

Cette race a été homologuée en France en 1972.

Répartition

On trouve ce lapin dans toute l'Europe, où il est agréé.

Caractéristiques de la race

Dans tous les cas de figure, la couleur blanche est située au niveau du sous-poil ventral, de la face intérieure des pattes et de la queue, ainsi que des contours des yeux, des narines, du bord des oreilles et des bajoues. Les flancs sont, quant à eux, parsemés jusqu'à mi-tronc d'un pelage de surface fait de longs poils recteurs à extrémité blanche. Quand le lapin est noir ou brun, il a les yeux marron, et quand il est bleu, son iris est gris-bleu.

Couleurs

Noir, brun, bleu (*voir* photo).

Conditions de vie

Les rayons directs du soleil risquant de décolorer la fourrure, il est recommandé de prévoir une protection solaire des clapiers ; ceux-ci doivent être vastes, de dimensions conformes à la taille des races moyennes, et propres.

Particularités

Le poids idéal se situe entre 3,5 et 4,25 kg.

Lièvre belge

Origine

On pense que cette race provient de géants belges gris à pattes assez longues ; ressemblant, tant par sa forme que par sa posture, au lièvre sauvage, elle a fini par conquérir rapidement les cœurs des éleveurs dans nombre de pays d'Europe.

Répartition

On trouve ce lapin absolument dans toute l'Europe.

Caractéristiques de la race

Le phénotype se distingue par un corps athlétique de forme allongée.

Couleurs

Acajou.

Conditions de vie

Bien que de taille moyenne, cet animal élégant et vif a besoin d'un clapier très vaste et de beaucoup d'exercice ; ce n'est qu'à cette condition que le lapereau pourra croître harmonieusement.

Particularités

Même sur le plan sportif, cette race n'a rien perdu de son attrait économique. Le poids idéal se situe entre 3,5 et 4,25 kg.

Lièvre blanc

Origine
Cette race est née en Belgique.

Répartition
Ce lapin, que l'on trouve absolument dans toute l'Europe, est également connu à l'Est sous l'appellation de lièvre slovène.

Caractéristiques de la race
Le phénotype se distingue par un corps athlétique de forme allongée.

Couleurs
Suite à une récente sélection dans un élevage d'Allemagne, on a abouti à la teinte « loh ».

Conditions de vie
Bien que de taille moyenne, cet animal élégant et vif a besoin d'un clapier très vaste et de beaucoup d'exercice ; ce n'est qu'à cette condition que les lapereaux pourront croître harmonieusement. L'animal aimant le mouvement et étant du genre fonceur, on peut placer dans son clapier des obstacles pour l'inciter à faire du saut en hauteur.

Particularités
Le poids idéal se situe entre 3,5 et 4,25 kg.

Alaska

Origine

Né en Allemagne en 1994, ce lapin provient d'un élevage sélectif de Gotha. Il a été créé pour ressembler au renard d'Alaska.

Répartition

On trouve ce lapin absolument dans toute l'Europe.

Caractéristiques de la race

Le corps est ramassé, les pattes sont solides et moyennement longues, ce qui fait que l'animal n'a pas du tout l'air pataud ; la particularité de son génotype est la couleur de son pelage de surface, brillant et d'un noir d'ébène très pur. Quant à la couleur du sous-poil, elle est bleu nuit. Les yeux sont marron foncé et les griffes marron tirant sur le noir.

Couleurs

Noir.

Conditions de vie

Il faut éviter que ce lapin soit en contact avec les rayons du soleil, car cela fait passer sa robe du noir au brunâtre ; de même, pour ne pas qu'elle se décolore au contact de son urine, il faut veiller à ce que l'animal évolue dans un clapier impeccablement propre.

Particularités

Le poids idéal se situe entre 3,25 et 4 kg.

Loser tchèque

(Tschechische Löser/Cesky Lustic)

Origine
La République Tchèque.

Répartition
On trouve ce lapin dans toute l'Europe, souvent sous l'appellation de separator.

Caractéristiques de la race
Le phénotype est celui du separator, mais sa taille standard est à classer parmi les races moyennes.

Couleurs
Il n'en existe aucune autre.

Conditions de vie
Les clapiers doivent être vastes, de dimensions conformes à la taille des races moyennes, et propres.

Particularités
Le corps est ramassé et de forme cylindrique. Conformément au standard tchèque, le poids idéal se situe entre 3,5 et 4,25 kg.

Blanc de Termonde

Origine

Cette race provient de Termonde, en Belgique.

Répartition

Homologué au standard européen, on la trouve dans au moins trois pays membres de l'Union.

Caractéristiques de la race

La forme est allongée et la ligne dorsale légèrement ascendante de la nuque à la queue ; le dos est large et l'animal est bien musclé dans l'ensemble.

Couleurs

Albinos.

Conditions de vie

Les clapiers doivent être vastes, de dimensions conformes à la taille des races moyennes.

Particularités

Conformément au standard européen, le poids idéal doit se situer entre 4,5 et 5,5 kg.

Argenté de Champagne

Origine

Cette race est née conjointement dans plusieurs pays : la France, la Suisse, la Grande-Bretagne et la Belgique. On observe parfois de légères différences d'un standard à l'autre.

Répartition

Le Standard européen a homologué à la fois les lapins français et les suisses, avec pour conséquence que les deux filières génétiques se retrouvent dans au moins trois des pays membres de l'Union.

Caractéristiques de la race

Les animaux de la race française font penser au grand argenté clair, tandis que les suisses, du fait de poils recteurs noirs plus saillants, voient leur pelage de surface tirer sur le blanc bleuté. Plusieurs parties du corps se détachent en plus sombre, à savoir le museau, les oreilles, le contour des yeux, les pattes et la queue.

Couleurs

Les deux génotypes sont noirs avec des reflets argentés clairs.

Conditions de vie

Il faut prévoir, pour les dimensions du clapier, le strict minimum recommandé pour les races moyennes.

Particularités

Ce lapin est très prolifique, et son poids maximum est de 5,5 kg.

Gris du Bourbonnais

Origine
Cette race est née en France.

Répartition
Ce lapin figure au Standard européen.

Caractéristiques de la race
Le corps est de forme légèrement allongée, et bien musclé.

Couleurs
Anthracite et gris fer.

Conditions de vie
Il faut prévoir, pour les dimensions du clapier, le strict minimum recommandé pour les races moyennes.

Particularité
Le poids idéal se situe entre 4 et 5 kg.

Fauve de Bourgogne

Origine

Provenant de France, ce phénotype est vraisemblablement apparenté au fauve clair de Bourgogne.

Répartition

La race figure au Standard européen.

Caractéristiques de la race

Si la couleur du pelage de surface est d'un roux soutenu uniforme sur tout le corps, des zones comme le ventre, le dessous de la queue, les contours des yeux et les bajoues sont plus claires. Contrairement à son cousin le fauve clair, ce lapin est ramassé et massif.

Couleurs

Il n'en existe pas d'autre.

Conditions de vie

Les clapiers doivent être vastes, de dimensions conformes à la taille des races moyennes.

Particularités

Le poids idéal se situe entre 4 et 5 kg.

Grand russe

Origine

On n'est pas sûr de sa provenance ; l'Angleterre, peut-être.

Répartition

Ce lapin, répandu dans toute l'Europe, existe vraisemblablement sous des aspects légèrement différents d'un endroit à un autre, et il est également connu sous l'appellation de californien.

Caractéristiques de la race

Le signe le plus typique est la coloration des extrémités, qu'il s'agisse des oreilles, du museau, de la queue ou des pattes, une particularité qui s'accentue lorsqu'il fait froid.

Couleurs

Noir uniquement.

Conditions de vie

Les clapiers doivent être vastes, de dimensions conformes à la taille des races moyennes, et propres ; il faut y prévoir une protection solaire afin d'empêcher les ultraviolets d'agresser les yeux sensibles des albinos.

Particularités

On a affaire ici à un albinos partiel, aux yeux rouges, certes, mais dont la dépigmentation n'a pas encore atteint son paroxysme. Le poids doit être au minimum de 3,5 kg, au maximum de 5 kg.

Albinos tchèque

Origine
Cette race provient de République tchèque.

Répartition
Comme ce lapin figure au Standard européen, on le trouve dans les élevages d'au moins trois pays membres de l'Union.

Caractéristiques de la race
Le phénotype se distingue par un corps cylindrique légèrement tassé et à forte musculature ; les pattes, de longueur moyenne, sont puissantes.

Couleurs
N'existe qu'en albinos.

Conditions de vie
Les clapiers doivent être vastes, de dimensions conformes à la taille des races moyennes.

Particularités
Que l'on parle en termes de Standard européen ou tchèque, le poids idéal se situe entre 4 et 5 kg, et le minimum à 3,25 kg.

Bleu de Beveren

Origine
Provenant de Belgique, où il fit son apparition vers 1900, ce phénotype est reconnu comme race depuis 1928.

Répartition
Comme ce lapin figure au Standard européen, on le trouve dans les élevages d'au moins trois pays membres de l'Union.

Caractéristiques de la race
Ce qui frappe ici, c'est la forme du corps, qui rappelle une mandoline posée sur ses cordes, ou d'une poire (*pear-shaped*) ; en effet, on impose à ces lapins d'être étriqués au niveau des épaules et d'avoir un bassin très développé.

Couleurs
Bleu ou blanc.

Conditions de vie
Les clapiers doivent être vastes, de dimensions conformes à la taille des races moyennes.

Particularités
Conformément au Standard européen, le poids idéal se situe entre 4 et 4,5 kg. Certes ces lapins ont un pelage normal, mais leur robe est joliment lustrée.

Blanc de Beveren

Origine

Provenant de Belgique, où il fit son apparition vers 1900, ce phénotype est reconnu comme race depuis 1928.

Répartition

Comme ce lapin figure au Standard européen, on le trouve dans les élevages d'au moins trois pays membres de l'Union.

Caractéristiques de la race

Elles sont les mêmes que pour le bleu de Beveren ; notons néanmoins que la tête effilée aux oreilles étroites et serrées accentue encore la forme générale de poire.

Couleurs

Bleu ou blanc.

Conditions de vie

Les clapiers doivent être vastes, de dimensions conformes à la taille des races moyennes.

Particularités

Conformément au Standard européen, le poids idéal se situe entre 4 et 4,5 kg. Certes ces lapins ont un pelage normal, mais leur robe est d'un beau brillant.

Normand

Origine
Belgique.

Répartition
Comme ce lapin figure au Standard européen, on le trouve dans les élevages d'au moins trois pays membres de l'Union.

Caractéristiques de la race
Pour cette race moyenne, la charpente, courte et ramassée, n'en est pas moins fine, le pelage dense, court et lustré, et couleur garenne medium en surface.

Couleurs
Gris garenne.

Conditions de vie
Les clapiers doivent être vastes, de dimensions conformes à la taille des races moyennes.

Particularités
Conformément au Standard européen, le poids idéal se situe entre 4 et 4,5 kg, et le minimum, de 3 kg.

Papillon tchèque

Origine
Il provient de République tchèque.

Répartition
Comme ce lapin figure au Standard européen, on le trouve dans les élevages d'au moins trois pays membres de l'Union.

Caractéristiques de la race
Le phénotype est classique, à savoir les dessins tachetés de la tête et du tronc ; doté d'un corps cylindrique et ramassé, ce lapin a une allure passablement « compacte ».

Couleurs
Il en existe sept, dont le gris garenne et le gris fer.

Conditions de vie
Les clapiers doivent être vastes, de dimensions conformes à la taille des races moyennes.

Particularités
Le poids : 2,5 kg au minimum, et entre 3,5 et 4 kg pour une valeur idéale.

HAVANE

Origine
Il a été créé aux Pays-Bas vers le début du XXe siècle.

Répartition
On le trouve dans toute l'Europe où il figure au Standard.

Caractéristiques de la race
Le corps est compact ; son génotype se distingue par la splendide couleur brun foncé de son pelage de surface.

Couleurs
Brun havane.

Conditions de vie
Il faut éviter que l'animal soit exposé à un rayonnement solaire trop intense, car sa fourrure risque de virer au blond doré. Elle pourrait être décolorée par l'urine du lapin si le clapier n'était pas d'une propreté impeccable.

Particularités
Le poids idéal se situe entre 3,25 et 4 kg.

Sallander

Origine
Il provient des Pays-Bas, où un juge délégué aux concours avait décidé de croiser des chamois de Thuringe et des chinchillas ; la race qui en résulta est homologuée depuis 1975 dans ce pays.

Répartition
Comme ce lapin figure au Standard européen, on le trouve dans les élevages d'au moins trois pays membres de l'Union.

Caractéristiques de la race
La forme d'ensemble est légèrement ramassée, le torse large et le bas du corps bien arrondi ; le phénotype est remarquable par un effet de voile brun tirant sur le noir recouvrant une robe cannelle pâle ou, si l'on préfère, couleur café au lait. Les marques sombres font penser à celles du chamois de Thuringe.

Couleurs
Il n'en existe aucune autre.

Conditions de vie
Les clapiers doivent être vastes, en accord avec la taille des races moyennes, et propres.

Particularités
Le poids minimum est de 2,5 kg et le poids idéal, de 3,5 à 4 kg.

Lapin pie
(elster/ekster/magpie)

Origine
Angleterre.

Répartition
On le trouve principalement en Angleterre et aux États-Unis, plus rarement ailleurs.

Caractéristiques de la race
Si le corps est légèrement allongé, sa largeur n'en demeure pas moins conséquente. Son phénotype se distingue par des plages noires ou blanches s'étalant sur toute la robe, avec un effet de contraste rappelant les marques des « japonisants » roux ou feu ; la présente race s'en distingue dans la mesure où, par le jeu des gènes récessifs, la couleur jaune ne peut s'exprimer.

Couleurs
Brun, bleu, couleur « feh ».

Conditions de vie
Les clapiers doivent être vastes, en accord avec la taille des races moyennes.

Particularités
Ce lapin pèse au moins 2,5 kg et, au plus 4 kg.

Blanc morave à yeux marron

Origine
Il provient de Moravie, au sud-est de l'actuelle République tchèque.

Répartition
On ignore où cette race a essaimé.

Caractéristiques de la race
Le corps, bien proportionné, est légèrement allongé. Son phénotype se distingue par une robe blanche combinée à des yeux marron ; on est parvenu ici, à force de sélections, à faire disparaître tous les autres gènes.

Couleurs
Il n'en existe pas d'autre.

Conditions de vie
Les clapiers doivent être en accord avec la taille des races moyennes.

Particularités
D'un point de vue génétique, cette race n'est comparable ni aux blancs de Vienne ni aux albinos. Ce lapin pèse au moins 3 kg, mais son poids idéal se situe entre 3,3 et 4 kg.

Sablé des Vosges

Origine
Il provient de France.

Répartition
Comme ce lapin figure au Standard européen, on le trouve dans les élevages d'au moins trois pays membres de l'Union.

Caractéristiques de la race
Le corps, légèrement ramassé, est élégant. Le pelage de surface est brun clair, mais cette teinte peut varier d'un sujet à un autre ; le trait le plus remarquable sont ici le masque, ainsi que des marques sombres s'étendant sur les oreilles, les pattes et la queue.

Couleurs
Il n'en existe pas d'autre.

Conditions de vie
Les clapiers doivent être de dimensions conformes à la taille des petites races, et propres.

Particularités
Le poids idéal se situe entre 3,2 et 3,5 kg.

Petit papillon

Origine

Il provient de République tchèque, obtenu à partir de papillons tchèques, on commença de le diffuser en Allemagne de l'Est après 1974, sous cette même appellation ; c'est en 1977 que les petits papillons y ont été reconnus comme race à part entière.

Répartition

Répandus sous l'appellation de petits papillons en Allemagne, et de papillons tchèques dans le reste de l'Europe, avec de légères différences de poids par rapport au Standard européen.

Caractéristiques de la race

De corps ramassé et de forme cylindrique, cette petite race a une allure tout à fait compacte. Les traits distinctifs sont ici les mouchetures du type papillon, mais uniquement dans les coloris agréés.

Couleurs

Blanc et noir, blanc et bleu, blanc et havane.

Conditions de vie

Les clapiers doivent être de dimensions conformes à la taille des petites races, et propres.

Particularités

Le poids idéal se situe entre 3 et 3,75 kg.

Separator

Origine

L'origine de cette race est incertaine ; dans les archives de la recherche génétique du musée Dahlem de Berlin, figure à l'année 1940 un article sur l'élevage d'un animal couleur sable. Tous les gènes responsables de ses couleurs étant récessifs (c'est-à-dire qu'ils s'imposent moins que les gènes directeurs), l'animal se prête bien à des tests de pureté raciale ; d'ailleurs, le nom qu'on lui a donné vient du verbe latin « séparer », une allusion à la ségrégation génétique opérée lors des sélections de couleurs.

Répartition

Répandus dans toute l'Europe.

Caractéristiques de la race

Cette petite race a une allure compacte. On remarquera la couleur du pelage de surface, à savoir une interpénétration harmonieuse de sable clair et de bleu lumineux, ce bleu portant le nom de « feh » ; or plus on se rapproche du ventre, plus ce mélange penche en faveur du bleuâtre.

Couleurs

Il n'en existe pas d'autre.

Conditions de vie

Les clapiers doivent être en accord avec la taille des petites races.

Particularités

Ces lapins pèsent entre 2,5 et 3,5 kg.

Beige

Origine

Cette race vient des Pays-Bas où Sproyt, un colombophile, l'obtint en partant de lapins du type havane.

Répartition

Comme ce lapin est agréé par le Standard européen, on le trouve dans les élevages d'au moins trois pays membres de l'Union.

Caractéristiques de la race

Le corps, ramassé, est de forme cylindrique ; les pattes sont solides et moyennement longues. La longueur des oreilles devrait se situer entre 10 et 12 cm. La couleur du pelage de surface est un mélange de bleu et de feu dans des tons pastels, tandis que les griffes sont couleur corne claire.

Couleurs

Il n'en existe pas d'autre.

Conditions de vie

Les clapiers doivent être en accord avec la taille des petites races.

Particularités

Ces lapins pèsent entre 2,5 et 3,5 kg.

Holicer bleu

Origine

Cette race figure au Standard européen.

Répartition

Répandu aux Pays-Bas. Comme ce lapin figure au Standard européen, on le trouve dans les élevages d'au moins trois pays membres de l'Union.

Caractéristiques de la race

La tête, courte, large et bien ronde est assortie au corps, cylindrique et légèrement ramassé. La couleur du pelage de surface est partout d'un bleu acier clair, mais le Standard autorise qu'elle soit plus mate au niveau du ventre. Le sous-poil est très fourni. Les yeux sont gris-bleu.

Couleurs

Il n'en existe pas d'autre.

Conditions de vie

Les dimensions des clapiers doivent correspondre à ce que l'on fait de plus grand pour les petites races, et il faut veiller à protéger ces animaux du soleil et de trop de rayons ultraviolets en général, car leur pelage risque de se décolorer

Particularités

Le poids idéal se situe entre 2,5 et 3,5 kg pour le Standard européen. Pour le Standard tchèque, le poids ne doit pas excéder les 3,25 kg.

PETIT BÉLIER ALLEMAND

Origine

Cette race, qui a été homologuée en 1973, représente le « modèle réduit » du génotype du bélier allemand.

Répartition

Répandu en Allemagne comme d'ailleurs dans toute l'Europe, mais les standards d'autres pays peuvent présenter de légères divergences.

Caractéristiques de la race

Ce phénotype est homologué à l'instar de son grand frère (*voir* le béliers allemand page 60). La longueur idéale des oreilles se situe entre 32 et 34 cm.

Couleurs

Les mêmes que pour les grands béliers, mais on accepte depuis peu les couleurs des jarres noirs et des rhœns.

Conditions de vie

Les clapiers doivent être en accord avec la taille des petites races, et propres.

Particularités

Le poids idéal se situe entre 3 et 3,5 kg. Les lapins de cette race peuvent, à partir de huit ans environ, être offerts aux enfants en mal de peluche…

PETIT CHINCHILLA

Origine

Ce phénotype doit son nom à sa fourrure, qui ressemble à celle du chinchilla, un animal de la famille des cochons d'Inde.

Répartition

Répandu dans toute l'Europe.

Caractéristiques de la race

Le corps est ramassé et de forme cylindrique. Le pelage de surface est d'un gris cendré clair aux reflets bleus qui confèrent à cette fourrure un aspect quelque peu floconneux ; cet effet est dû à un fond blanc et noir d'où les poils recteurs émergent en touffes noires. À la naissance, les petits chinchillas sont bleu nuit.

Couleurs

Il n'en existe pas d'autre.

Conditions de vie

Les clapiers doivent être en accord avec la taille des petites races, et propres.

Particularités

Le poids idéal se situe entre 2,75 et 3,25 kg. Cette race est née d'un mutant, totalement privé des gènes responsables de la couleur jaune ; il ne lui reste plus que ceux qui donnent les teintes garenne.

Deilenaar

Origine
Cette race vient des Pays-Bas.

Répartition
Répandu dans toute l'Europe.

Caractéristiques de la race
Le corps, ramassé, se caractérise par une posture ni trop haute ni trop basse. La dense fourrure, conforme au phénotype, est d'un brun feu soutenu qu'agrémentent des reflets noirs dans le pelage de surface. Le ventre, le menton et le dessous de la queue sont à dominante rousse (« loh »), tandis que les griffes et les yeux sont marron foncé.

Couleurs
Il n'en existe pas d'autre.

Conditions de vie
Les clapiers doivent être en accord avec la taille des petites races.

Particularités
Le poids idéal se situe entre 2,75 et 3,25 kg.

Feh de Marbourg

Origine

Cette race vient d'Allemagne.

Répartition

Répandu en Allemagne et au moins dans le reste de l'Europe.

Caractéristiques de la race

La couleur du pelage de surface est, sur la totalité du corps, d'un bleu pâle lumineux, mais l'ensemble est comme recouvert d'un voile brun tendre devenant plus marqué au niveau de la tête, des oreilles et des pattes ; quant à la partie ventrale, elle est un peu plus mate. En fait, ce jeu de couleurs est le fruit d'une combinaison de gènes responsables les uns du bleu, les autres du havane.

Couleurs

Il n'en existe pas d'autre.

Conditions de vie

Les clapiers doivent être de dimensions conformes à la taille des petites races.

Particularités

Le poids idéal se situe entre 2,75 et 3,25 kg.

Doré de Saxe

Origine
Cette race vient de Meissen, en Allemagne.

Répartition
Répandu en Allemagne et au moins dans le reste de l'Europe.

Caractéristiques de la race
Le phénotype se distingue par une dense fourrure et une couleur feu riche et éclatante.

Couleurs
Il n'en existe pas d'autre.

Conditions de vie
Les clapiers doivent être de dimensions conformes à la taille des petites races.

Particularités
Le poids idéal se situe entre 2,75 et 3,25 kg.

RHOEN

Origine
Cette race vient de Thuringe, en Allemagne.

Répartition
Répandu en Allemagne et au moins dans le reste de l'Europe.

Caractéristiques de la race
Les dessins irréguliers de cette robe, faits de mouchetures ou de stries, rappellent ici un tronc de bouleau ; on a affaire ici à une combinaison génétique faisant intervenir autant les chinchillas que des lapins à motifs japonisants.

Couleurs
Il n'en existe pas d'autre.

Conditions de vie
Les clapiers doivent être de dimensions conformes à la taille des petites races.

Particularités
Le poids idéal se situe entre 2,75 et 3,25 kg. Cette race passionnante n'a de cesse que d'épater les visiteurs des foires-expositions.

Lux

Origine

En 1918, Karl Hoffmann, un éleveur de Düsseldorf, obtenait quelques spécimens de lapins jaunâtres à partir des génotypes feh de Marbourg et perl feh ; il poursuivit les sélections par croisements jusqu'à obtenir le premier lux, qu'il présenta au public dans sa ville en 1919.

Répartition

On le connaît dans d'autres pays sous l'appellation de lynx ; le nom lux (prononcé « loux ») étant un glissement sémantique de *luchs*, qui signifie « lynx » en allemand. Le changement de nom a été fait compte tenu de l'absence de ressemblance avec un lynx…

Caractéristiques de la race

C'est le pelage de surface qui présente cette teinte claire bleu argenté, tandis qu'on voit transparaître des reflets brun-roux sous-jacents.

Couleurs

Il n'en existe pas d'autre.

Conditions de vie

Les clapiers doivent être de dimensions conformes à la taille des petites races.

Particularités

Le poids idéal se situe entre 2,5 et 3,25 kg. Au cours de leur croissance, ces lapins changent fréquemment de couleur : il arrive même que leur sous-poil, d'ordinaire d'un blanc très pur, prenne une teinte bleuâtre.

Perl feh

Origine

Cette race vient d'Allemagne où elle existe dans sa forme actuelle depuis 1936. Au départ, les sélections visaient à reproduire la fourrure de l'écureuil de Sibérie appelée feh.

Répartition

Répandu en Allemagne, mais également dans d'autres pays, où les lapins peuvent être de poids différents.

Caractéristiques de la race

Le pelage de surface a l'originalité d'être bleu-garenne avec des miroitements faisant penser à ceux de perles. On obtient cet effet grâce à des poils recteurs dont les pointes sont tantôt claires, tantôt sombres. Mais la fourrure comprend d'autres couleurs formant contraste : la nuque, par exemple, qui tire vers le brun, tandis que le menton, le poitrail et les pattes comportent des parties blanches.

Couleurs

Il n'en existe pas d'autre.

Conditions de vie

Les clapiers doivent être de dimensions conformes à la taille des petites races.

Particularités

Le poids idéal se situe entre 2,5 et 3,25 kg. Au cours de leur croissance, ces lapins changent fréquemment de couleur : il arrive même que leur sous-poil, d'ordinaire d'un blanc très pur, prenne une teinte bleuâtre.

Petit argenté noir

Origine

C'est au XVIIe siècle qu'on observa pour la première fois un changement de couleur chez des lapins de batteries : leur pelage virait à l'argenté. En 1820, cette mutation donna l'idée à des éleveurs anglais de pratiquer des sélections génétiques jusqu'à obtenir une race pure et stable d'argentés gris, puis celle des argentés feu suivit.

Répartition

Les races de petits argentés sont, en général, assez répandues.

Caractéristiques de la race

Ce sont les reflets argentés sur fond noir qui sont le trait le plus marquant ici.

Couleurs

Chacune des différentes teintes correspond à une race déterminée. Notons que les petits viennent au monde sans poils recteurs argentés, lesquels ne commencent à pousser qu'après la mue ; leur croissance s'achève dès que le lapin est arrivé à l'âge mûr.

Conditions de vie

Les clapiers doivent être de dimensions conformes à la taille des petites races. Il faut éviter l'ensoleillement trop cru, et également le contact de l'urine avec la fourrure, ce qui implique de fréquents nettoyages.

Particularités

Le poids idéal se situe entre 2,5 et 3,25 kg.

Petit argenté bleu

Origine

Cette race provient d'Angleterre (*voir* petit argenté noir).

Répartition

Les races de petits argentés sont, en général, assez répandues.

Caractéristiques de la race

Ce sont les reflets argentés sur fond bleu qui sont le trait le plus marquant ici.

Couleurs

Chacune des différentes teintes correspond à une race déterminée. Notons que les petits viennent au monde sans poils recteurs argentés, lesquels ne commencent à pousser qu'après la mue ; leur croissance s'achève dès que le lapin est arrivé à l'âge mûr.

Conditions de vie

Les clapiers doivent être de dimensions conformes à la taille des petites races. Il faut éviter l'ensoleillement trop cru, et également le contact de l'urine avec la fourrure, ce qui implique de fréquents nettoyages.

Particularités

Le poids idéal se situe entre 2,5 et 3,25 kg.

PETIT ARGENTÉ HAVANE

Origine

Cette race provient d'Angleterre (*voir* petit argenté noir).

Répartition

Les races de petits argentés sont, en général, assez répandues.

Caractéristiques de la race

Ce sont les reflets argentés sur fond brun qui sont le trait le plus marquant ici.

Couleurs

Chacune des différentes teintes correspond à une race déterminée. Notons que les petits viennent au monde sans poils recteurs argentés, lesquels ne commencent à pousser qu'après la mue ; leur croissance s'achève dès que le lapin est arrivé à l'âge mûr.

Conditions de vie

Les clapiers doivent être de dimensions conformes à la taille des petites races. Il faut éviter l'ensoleillement trop cru, et également le contact de l'urine avec la fourrure, ce qui implique de fréquents nettoyages.

Particularités

Le poids idéal se situe entre 2,5 et 3,25 kg.

Petit argenté paille

Origine
Cette race provient d'Angleterre (*voir* petit argenté noir).

Répartition
Les races de petits argentés sont, en général, assez répandues.

Caractéristiques de la race
Ce sont les reflets argentés sur fond paille qui sont le trait le plus marquant ici.

Couleurs
Chacune des différentes teintes correspond à une race déterminée. Notons que les petits viennent au monde sans poils recteurs argentés, lesquels ne commencent à pousser qu'après la mue ; leur croissance s'achève dès que le lapin est arrivé à l'âge mûr.

Conditions de vie
Les clapiers doivent être de dimensions conformes à la taille des petites races. Il faut éviter l'ensoleillement trop cru, et également le contact de l'urine avec la fourrure, ce qui oblige à de fréquents nettoyages.

Particularités
Le poids idéal se situe entre 2,5 et 3,25 kg.

PETIT ARGENTÉ GRIS-BRUN

Origine

Cette race provient d'Angleterre (*voir* petit argenté noir).

Répartition

Les races de petits argentés sont, en général, assez répandues.

Caractéristiques de la race

Ce sont les reflets argentés sur fond couleur garenne, qui sont le trait le plus marquant ici.

Couleurs

Chacune des différentes teintes correspond à une race déterminée. Notons que les petits viennent au monde sans poils recteurs argentés, lesquels ne commencent à pousser qu'après la mue ; leur croissance s'achève dès que le lapin est arrivé à l'âge mûr.

Conditions de vie

Les clapiers doivent être de dimensions conformes à la taille des petites races. Il faut éviter l'ensoleillement trop cru, et également le contact de l'urine avec la fourrure, ce qui oblige à de fréquents nettoyages.

Particularités

Le poids idéal se situe entre 2,5 et 3,25 kg.

Petit argenté clair

Origine
Cette race provient d'Angleterre (*voir* petit argenté noir).

Répartition
Les races de petits argentés sont, en général, assez répandues.

Caractéristiques de la race
Ce sont les intenses reflets argentés qui sont le trait le plus marquant ici.

Couleurs
Chacune des différentes teintes correspond à une race déterminée. Notons que les petits viennent au monde sans poils recteurs argentés, lesquels ne commencent à pousser qu'après la mue ; leur croissance s'achève dès que le lapin est arrivé à l'âge mûr.

Conditions de vie
Les clapiers doivent être de dimensions conformes à la taille des petites races. Il faut éviter l'ensoleillement trop cru, et également le contact de l'urine avec la fourrure, ce qui implique de fréquents nettoyages.

Particularités
Le poids idéal se situe entre 2,5 et 3,25 kg.

Papillons anglais

Origine

Cette race vient d'Angleterre, où on connaît le papillon (lapin tacheté) depuis le XVIe siècle. Initialement, il ne s'agissait que d'un élevage sportif, et l'accent était mis sur de fins motifs rigoureusement déterminés ; les premiers spécimens arrivèrent sur le continent européen en 1900.

Répartition

Répandus dans toute l'Europe.

Caractéristiques de la race

On peut décrire les motifs noirs présents sur la tête de la façon suivante : papillon au niveau du museau, maquillage autour des yeux, tache sur chaque joue, oreilles entièrement noires. Signalons encore la fine bande noire courant le long de l'épine dorsale. Quant aux mouchetures du tronc, elles sont disposées en « maillons de chaîne » sur les flancs et, si l'éleveur a de la chance, l'ensemble représente le cor d'un postillon... Le type sportif est accentué par la finesse des pattes et un corps légèrement allongé.

Couleurs

Blanc et noir, blanc et bleu, blanc de Thuringe, blanc et tricolore (comme pour le papillon rhénan).

Conditions de vie

Les clapiers doivent être de dimensions conformes à la taille des petites races, et propres.

Particularités

Le poids idéal se situe entre 2,5 et 3,25 kg.

Hollandais bleu-blanc

Origine

Cette espèce vient du Brabant, province où ce lapin campagnard était fort répandu ; cette race, qui se caractérise par des plages blanches contrastant fortement avec les bleues, fut exposée pour la première fois à Chemnitz, en 1891, par l'association locale de cuniculture.

Répartition

Race répandue dans le monde entier sous l'appellation de hollandais, à savoir de *Dutch Rabbit*.

Caractéristiques de la race

La répartition des couleurs est ici très singulière, puisqu'on a l'impression d'un animal qui porterait une chemise et des chaussons blancs, ainsi qu'un pantalon et un bonnet bleu foncé.

Conditions de vie

Les clapiers doivent être de dimensions conformes à la taille des petites races, et propres.

Particularités

Le poids idéal se situe entre 2,5 et 3,25 kg. Les proportions d'un corps court et ramassé ont fini par s'imposer au fil des années ; il fallait que l'animal ait une allure à la fois sportive et gracile.

HOLLANDAIS BLEU-PAILLE-BLANC

Origine
Voir le hollandais bleu-blanc.

Répartition
Race homologuée au Standard européen.

Caractéristiques de la race
On aime à opérer une sélection qui fasse apparaître des variantes au sein même des plages correspondant au motif général décrit pour le hollandais bleu-blanc ; ainsi trouvera-t-on sur le « pantalon » et le « bonnet » des motifs japonisants mêlant le bleu et le paille.

Conditions de vie
Les clapiers doivent être de dimensions conformes à la taille des petites races, et propres.

Particularités
Le poids idéal se situe entre 2,5 et 3,25 kg. Les proportions d'un corps court et ramassé ont fini par s'imposer au fil des années ; il fallait que l'animal ait avant tout une allure à la fois sportive et gracile.

HOLLANDAIS BRUN-PAILLE-BLANC

Origine

Voir le hollandais bleu-blanc.

Répartition

Race homologuée au Standard européen.

Caractéristiques de la race

On aime à opérer une sélection qui fasse apparaître des variantes au sein même des plages correspondant au motif général décrit pour le hollandais bleu-blanc ; ainsi trouvera-t-on sur le « pantalon » et le « bonnet » des motifs japonisants mêlant le brun et le paille.

Conditions de vie

Les clapiers doivent être de dimensions conformes à la taille des petites races, et propres.

Particularités

Le poids idéal se situe entre 2,5 et 3,25 kg. Les proportions d'un corps court et ramassé ont fini par s'imposer au fil des années ; il fallait que l'animal ait avant tout une allure à la fois sportive et gracile.

Hollandais noir-paille-blanc

Origine

Voir le hollandais bleu-blanc. Notons que cette combinaison de couleurs sert de point de départ aux sélections ayant abouti aux autres variantes de hollandais tricolores.

Répartition

Dans le monde entier.

Caractéristiques de la race

On aime à opérer une sélection qui fasse apparaître des variantes au sein même des plages correspondant au motif général décrit pour le hollandais bleu-blanc ; ainsi trouvera-t-on sur le « pantalon » et le « bonnet » des motifs japonisants mêlant le noir et le paille.

Conditions de vie

Les clapiers doivent être de dimensions conformes à la taille des petites races, et propres.

Particularités

Le poids idéal se situe entre 2,5 et 3,25 kg. Les proportions d'un corps court et ramassé ont fini par s'imposer au fil des années ; il fallait que l'animal ait avant tout une allure à la fois sportive et gracile.

LOH NOIR

Origine
Cette race vient d'Angleterre, où elle est connue sous l'appellation de *black and tan*.

Répartition
Dans l'Europe entière.

Caractéristiques de la race
On a affaire ici à un lapin tout à fait select dont le corps est très ramassé ; celui de la photo ci-contre est remarquable par sa robe d'un noir intense tranchant admirablement avec les parties couleur feu. C'est précisément cette teinte qui caractérise les lapins de la race loh.

Couleurs
On trouve le noir, le bleu, le brun et, depuis 2004, en Allemagne, le feh et le loh gouwenaar.

Conditions de vie
Les clapiers doivent être de dimensions conformes à la taille des petites races, et propres. Il faut protéger ces animaux de l'agressivité du soleil, qui leur décolore la fourrure.

Particularités
Le poids idéal se situe entre 2,5 et 3,25 kg.

Loh feh

Origine
Cette race vient d'Angleterre.

Répartition
Dans l'Europe entière.

Caractéristiques de la race
La teinte gris-bleu pâle du pelage de surface, semblable à celle du feh de Marbourg, tranche nettement avec les plages couleur feu (loh).

Couleurs
Parmi les loh, on trouve le noir, le bleu, le brun, le fehloh et le loh gouwenaar.

Conditions de vie
Les clapiers doivent être de dimensions conformes à la taille des petites races, et propres. Il faut protéger ces animaux de l'agressivité des rayons du soleil, qui risquent de leur décolorer la fourrure.

Particularités
Le poids idéal se situe entre 2,5 et 3,25 kg.

Loh gouwenaar

Origine
Si les loh viennent d'Angleterre, le type gouwenaar a été obtenu aux Pays-Bas.

Répartition
Aux Pays-Bas.

Caractéristiques de la race
Les nuances du pelage de surface, qui sont d'un gris-bleu tendre, et qui rappellent celles du fehloh d'Allemagne, tranchent nettement avec les plages couleur feu (loh). Les yeux sont gris-bleu.

Couleurs
Parmi les loh, on trouve le noir, le bleu, le brun, le fehloh et le loh gouwenaar.

Conditions de vie
Les clapiers doivent être de dimensions conformes à la taille des petites races, et propres. Il faut protéger ces animaux de l'agressivité des rayons du soleil, qui risquent de leur décolorer la fourrure.

Particularités
Le poids idéal se situe entre 2,5 et 3,25 kg, et ces lapins ne doivent pas excéder les 3,25 kg.

Lapin zibeline

Origine

Le but de cette sélection était d'obtenir un animal dont la fourrure imiterait celle de la martre (ou zibeline) ; c'est d'ailleurs de la même façon qu'on obtint le grand zibeline (*voir* page 104).

Répartition

En Allemagne et dans certains pays d'Europe assujettis au Standard européen.

Caractéristiques de la race

Comme pour son cousin le grand zibeline, les caractéristiques sont imposées et fixées par le Standard. Au nombre des marques plus ou moins sombres se détachant bien du fond beige du reste de la robe, citons le masque, les contours des yeux, le museau, les oreilles, la queue, les pattes, ainsi que les flancs et la partie scapulaire, sans oublier la bande dorsale

Couleurs

Brun, bleu.

Conditions de vie

Les clapiers doivent être de dimensions conformes à la taille de cette petite race légèrement ramassée.

Particularités

Les lapins zibelines sont partiellement albinos, ce qui signifie que la sélection obéit aux lois de Mendel sur l'hérédité ; d'ailleurs, seuls ces critères sont agréés par le Standard. C'est vers l'âge de 7 à 9 mois que ces animaux arrivent à leurs plus belles colorations.

SIAMOIS

Origine

Création d'Allemagne orientale, cette race récente a été homologuée en 1991 par le Standard allemand.

Répartition

En Allemagne et dans certains pays d'Europe assujettis au Standard européen.

Caractéristiques de la race

Toujours dans des teintes crème clair, le pelage de surface peut revêtir les couleurs brun paille ou brun-bleu, toutes deux évoluant vers des tons plus clairs à mesure qu'on descend vers les flancs ; quant aux épaules et aux cuisses, elles sont plus sombres, au contraire du poitrail, du ventre et du bassin, dont les nuances sont plus claires. Le dos, lui, est parcouru par une bande sombre de 8 cm de large environ.

Couleurs

Paille, bleu.

Conditions de vie

Les clapiers doivent être de dimensions conformes à la taille de cette petite race légèrement ramassée.

Particularités

Elles sont celles du lapin zibeline (martre). Le poids idéal se situe entre 2,5 et 3,25 kg.

Jarres noirs

Origine
Ce génotype fut créé en Allemagne vers 1960.

Répartition
En Allemagne et dans certains pays d'Europe assujettis au Standard européen.

Caractéristiques de la race
Le corps, ramassé, est cylindrique et l'animal n'est ni trop haut ni trop bas sur pattes ; cela revient à dire que lorsqu'il est en position assise, un jour doit être visible sous son thorax. Si ses sous-poils sont blancs, ce phénotype prévoit une répartition régulière de poils recteurs à pointe noire émergeants ; cela est surtout valable pour le dessus du corps, alors que le ventre est d'un blanc immaculé. On privilégie les sujets dont les reflets sont de clairs à medium, en d'autres termes ceux qui ont le moins possible de poils recteurs à extrémité noire.

Couleurs
Il n'existe que cette couleur.

Conditions de vie
Les clapiers doivent être de dimensions conformes à la taille de cette petite race.

Particularités
Le poids idéal se situe entre 2,5 et 3,25 kg.

Thrianta

Origine

Cette race vient des Pays-Bas.

Répartition

Homologuée au Standard européen.

Caractéristiques de la race

La petite charpente est courte et ramassée ; notons la robe d'un roux orangé intense.

Couleurs

Il n'en existe aucune autre.

Conditions de vie

Les clapiers doivent être de dimensions conformes à la taille de cette petite race.

Particularités

Le poids idéal se situe entre 2,5 et 3 kg.

Gris perle de Hall

Origine

On pense que cette race vient de Belgique. Alors qu'elle était pratiquement tombée dans l'oubli, elle a recommencé d'être sélectionnée selon un ancien standard.

Répartition

En Belgique et dans les pays limitrophes.

Caractéristiques de la race

Ce phénotype a pour caractéristique principale la teinte de sa robe, et de posséder un corps harmonieux et de courtes pattes fines. En dépit d'un génotype bien établi, également commun au gouwenaar et au feh de Marbourg, les éleveurs ne sont pas entièrement d'accord sur la ligne à suivre : nombre d'entre eux souhaiterait un lapin à la fourrure d'un lumineux gris-bleu, à nuances délicates et à reflets platine, mais aussi avec des yeux à iris marron ; or une telle combinaison n'est pas réalisable génétiquement.

Couleurs

Il n'en existe pas d'autre.

Conditions de vie

Les clapiers doivent être de dimensions conformes à la taille de cette petite race.

Particularités

Le poids idéal se situe entre 2,25 et 2,5 kg.

Russe

Origine
On connaissait déjà cette race au XVIIe siècle en France ; elle se distinguait par son dessin « russe » caractéristique.

Répartition
Dans l'espace assujetti au Standard européen, mais vraisemblablement aussi dans le monde entier.

Caractéristiques de la race
Ce phénotype est à comparer au californien (*voir* page 106), avec un corps légèrement ramassé, une fourrure bien dense dans l'ensemble et dotée d'une fine structure.

Couleurs
Noir et blanc, bleu et blanc.

Conditions de vie
Les clapiers doivent être de dimensions conformes à la taille de cette petite race.

Particularités
Le poids minimum est de 1,75 kg, tandis que l'idéal se situe entre 2,25 et 3 kg.

Steenkonijn

Origine

Cette race vient de Belgique.

Répartition

Il n'est pratiquement pas fait d'élevage de ce lapin hors de Belgique.

Caractéristiques de la race

Ce petit phénotype est ramassé et, comme on ne voit pas de cou, on dirait que la tête repose directement sur le tronc ; la fourrure est constituée de poils communs, courts et denses, et les oreilles font 10 cm de long.

Couleurs

Noir et blanc, bleu et blanc.

Conditions de vie

Les clapiers doivent être de dimensions conformes à la taille de cette petite race.

Particularités

Le poids minimum est de 1,75 kg, tandis que l'idéal se situe entre 2,25 et 3 kg.

Brun marron de Lorraine

Origine
Ce petit lapin vient de France.

Répartition
Dans l'espace de l'Union, où il figure au Standard européen.

Caractéristiques de la race
Ce phénotype se distingue par une forme légèrement allongée rappelant le lapin sauvage, mais surtout par un aspect authentique ne laissant pas supposer qu'il est le fruit de sélections successives. La fourrure est couleur garenne, à poils courts et denses, et elle est parsemée de fins poils recteurs.

Couleurs
Il n'en existe pas d'autre.

Conditions de vie
Les clapiers doivent être de dimensions conformes à la taille de cette race vraiment petite.

Particularités
Le poids idéal se situe entre 2 et 2,5 kg, ce qui ne fait pas pour autant de cette petite race une naine.

Hulstlander

Origine

Cette race toute récente, qui vient des Pays-Bas, a été homologuée en 1984.

Répartition

Au Pays-Bas puisqu'on ne l'élève presque pas ailleurs.

Caractéristiques de la race

Ce petit génotype doté d'un corps assez court appartient au type appelé « bloc » en Allemagne (très ramassé). Son pelage d'un blanc immaculé est dense et brillant, son iris est bleu et ses griffes incolores tirant sur le blanc. On lui reconnaît une longueur idoine d'oreilles de 9 cm.

Couleurs

Il n'en existe pas d'autre.

Conditions de vie

Les clapiers doivent être de dimensions conformes à la taille de cette petite race, et propres ; de plus, il faut tenir compte du besoin de mouvements de ces lapins.

Particularités

Leur poids recommandé est de 2,5 kg. En raison de leur tempérament fougueux, ils ne font pas des animaux de compagnie idéaux pour les enfants.

BÉLIER NAIN

Origine

Cette race vient des Pays-Bas.

Répartition

En Allemagne surtout, mais aussi dans le reste de l'Europe et du monde.

Caractéristiques de la race

Ce qu'il y a de marquant ici, ce sont les oreilles tombantes, dont on exige une longueur allant de 24 à 28 cm, et le corps, avec son aspect extrêmement ramassé.

Couleurs

En Allemagne, en tant que miniature du petit bélier allemand, ce sont les couleurs de ce dernier qui lui sont reconnues *(voir* page 168) ; (sur la photo ci-contre, il est blanc aux yeux rouges).

Conditions de vie

Les clapiers doivent être de dimensions conformes à la taille de cette petite race.

Particularités

Ce bélier nain ne représente pas la plus petite des races de lapins ; il est plutôt à considérer comme un bélier lilliputien. Comme il est gentil et d'un tempérament très paisible, il fait un excellent animal de compagnie pour les enfants. Son poids idéal se situe entre 1,5 et 1,9 kg.

Papillon nain

Origine

On a affaire ici à la plus petite race de papillons ; en Allemagne, elle a été homologuée en 2002.

Répartition

Dans toute l'Union, où elle figure au Standard européen.

Caractéristiques de la race

Ce qui saute ici aux yeux : le corps, petit et ramassé, le museau aplati et des oreilles mesurant moins de 8 cm de long ; quant aux motifs, ils sont analogues à ceux des petits papillons (*voir* page 160).

Couleurs

Blanc et noir, blanc et bleu, blanc et havane, ou encore tricolore comme les papillons rhénans (blanc et noir sur la photo ci-contre).

Conditions de vie

Les clapiers devraient impérativement obéir aux normes fixées par la SPA, lesquelles prévoient les dimensions minimales suivantes : 60 cm de largeur sur 60 cm de profondeur sur 50 cm de hauteur.

Particularités

Les sujets de cette race sont nettement plus grands, malgré leurs oreilles minuscules, que les nains de couleur. Ils devraient peser au minimum 1,2 kg, au maximum 1,8 kg, et leur poids normal excéder 1,4 kg.

HERMINE

Origine

On a affaire ici à la toute première race de nains jamais créée.

Répartition

Dans toute l'Union, où elle figure au Standard européen, mais aussi partout par le monde.

Caractéristiques de la race

Il s'agit là de nains véritables. On remarquera le corps, tout petit et ramassé, et les courtes pattes ; par ailleurs, la tête a ceci de particulier qu'elle est pratiquement ronde. Quant aux yeux, ils sont légèrement saillants. Notre nain aurait presque une couronne, à savoir ses oreilles : elles sont minuscules puisqu'elles n'excèdent pas les 7 cm et que leur longueur idéale serait même plutôt de l'ordre des 5,5 cm.

Couleurs

La photo ci-contre représente un sujet blanc aux yeux bleus.

Conditions de vie

Les clapiers, individuels, devraient impérativement obéir aux normes fixées par la SPA, lesquelles prévoient les dimensions minimales suivantes : 60 cm de largeur sur 60 cm de profondeur sur 50 cm de hauteur.

Particularités

En tant que nains, les hermines devraient peser au minimum 1 kg, au maximum 1,5 kg. Leur poids idéal se situe entre 1,1 et 1,35 kg.

HERMINE À YEUX ROUGES

Origine
Incertaine.

Répartition
Dans toute l'Union, où elle figure au Standard européen, mais aussi partout par le monde.

Caractéristiques de la race
La norme imposée est celle qui vaut pour le lapin hermine à yeux bleus (*voir* page 234).

Couleurs
La photo ci-contre représente un sujet blanc aux yeux rouges.

Conditions de vie
Les clapiers, individuels, devraient impérativement obéir aux normes fixées par la SPA, lesquelles prévoient les dimensions minimales suivantes : 60 cm de largeur sur 60 cm de profondeur sur 50 cm de hauteur. Prévoir un pare-soleil efficace, en raison de la sensibilité des yeux de l'albinos.

Particularités
En tant que nains, les hermines devraient peser au minimum 1 kg, au maximum 1,5 kg. Leur poids idéal se situe entre 1,1 et 1,35 kg.

Nain de couleur gris

Origine

Incertaine.

Répartition

Dans toute l'Union, où elle figure au Standard européen, mais probablement aussi dans le monde entier.

Caractéristiques de la race

Ce génotype étant également une race naine à part entière, la taille minuscule de ses représentants est donc une constante, comme du reste la faible longueur des pattes ; ces nains ont par ailleurs tout de commun avec le type hermine.

Couleurs

Il serait fastidieux de vouloir dénombrer les variantes de ce phénotype ; un fait est établi : il en existe en autant de couleurs que les autres « calibres » de lapins, chacune des races ayant sa réplique dans le monde des nains (*voir* photo ci-contre : spécimen de gris garenne).

Conditions de vie

Les clapiers, individuels, devraient impérativement obéir aux normes fixées par la SPA pour les races naines.

Particularités

En tant que nains, les hermines devraient peser au minimum 1 kg, au maximum 1,5 kg. Leur poids idéal se situe entre 1,1 et 1,35 kg.

NAIN DE COULEUR NOIR

Origine
Incertaine.

Répartition
Dans toute l'Union, où elle figure au Standard européen, mais probablement aussi dans le monde entier.

Caractéristiques de la race
Ce génotype représente également une race naine à part entière et ses caractéristiques sont le calque de celles du type hermine.

Couleurs
Il serait fastidieux de vouloir dénombrer les variantes de ce phénotype ; un fait est établi : il en existe autant de couleurs que les autres « calibres » de lapins, chacune des races ayant sa réplique dans le monde des nains (*voir* photo ci-contre : spécimen de noir).

Conditions de vie
Les clapiers, individuels, devraient impérativement obéir aux normes fixées par la SPA, lesquelles prévoient les dimensions minimales suivantes : 60 cm de largeur sur 60 cm de profondeur sur 50 cm de hauteur.

Particularités
En voyant ces adorables créatures, les parents ont souvent envie d'en offrir à leurs enfants comme animaux de compagnie ; il ne faut pourtant pas perdre de vue que ces petits lapins sont fréquemment plus vindicatifs que leurs congénères de taille plus grande. Tout bien considéré, il vaut mieux ne pas les laisser entre toutes les mains, et les confier plutôt à des amateurs éclairés et responsables…

Polish rabbit

Origine

Il existe toutes sortes d'hypothèses quant à la provenance de cette race : certes, à en juger par le nom, on pencherait pour un phénotype anglais, mais certains prétendent qu'il s'agirait plutôt d'une création belge ou française.

Répartition

Aux Pays-Bas, en Belgique ou aux États-Unis.

Caractéristiques de la race

Il est à noter que ce lapin est d'une constitution complètement différente de celle des autres nains, dont le corps est extrêmement ramassé ; il surprend aussi par le nombre de couleurs qu'on lui connaît d'un sujet à l'autre. Quant au pelage, court et dense mais aussi d'une structure très fine, il est parfaitement seyant. La tête, elle, se caractérise par son élégante minceur.

Couleurs

Toutes les couleurs que l'on connaît chez les lapins sont autorisées chez le polish rabbit.

Conditions de vie

Les clapiers, individuels, devraient impérativement obéir aux normes fixées par la SPA, surtout que ce lapin a besoin d'énormément de mouvement.

Particularités

Au Standard européen, le poids imposé au polish rabbit est le même que celui du lapin hermine.

SATIN ANGORA FEU

Origine
Cette race, qui vient du Canada, a été importée pour la première fois en Suisse en 1998.

Répartition
Aux États-Unis et au Canada, plus rare en Europe.

Caractéristiques de la race
On a affaire à deux types de fourrure pour un lapin : à la fois le poil satin, brillant et fin, et l'angora, avec sa toison laineuse. Toutes sortes de nuances sont rendues possibles à la faveur des reflets soyeux de ce pelage long et dense. La tête, quant à elle, est à poils courts.

Couleurs
Toutes les couleurs que l'on connaît chez les lapins à pelage normal sont possibles chez ce lapin.

Conditions de vie
Les clapiers doivent être spacieux. Il n'est pas indispensable de tondre les animaux, puisque la laine se détache sans difficulté au moment de la mue.

Particularités
Un sujet pèse normalement 3,5 kg, et on peut tolérer jusqu'à 5,25 kg de poids maximum. Les lapereaux commencent par être complètement roux, avant de voir les parties les plus longues de leur fourrure pâlir d'un ton. Sa laine, si précieuse, est très appréciée des fileuses travaillant à l'ancienne.

SATIN IVOIRE

Origine

C'est en Amérique du Nord, vers 1930, que cette race naquit spontanément dans une portée de lapins havane : un lapereau avait immédiatement frappé par la douceur et la finesse d'une fourrure qui brillait comme de la soie. Le premier satin est donc le résultat d'une mutation de la structure du pelage de havane.

Répartition

Dans le monde entier et dans toutes sortes de couleurs.

Caractéristiques de la race

C'est un éclat semblable à celui du satin qui donna son nom à cette structure de fourrure, dont il est devenu l'apanage principal ; il ne doit d'ailleurs pas se limiter au pelage de surface et lorsqu'on souffle dessus, il faut que tout brille jusqu'à la racine des poils. On a ajouté « ivoire » en raison des reflets imperceptiblement dorés jouant sur le fond blanc.

Couleurs

Les yeux de ce lapin peuvent être soit rouges, soit bleus (*voir* l'albinos de la photo ci-contre).

Conditions de vie

Les clapiers, individuels, devraient impérativement obéir aux normes fixées par la SPA et être conformes à la taille des races moyennes.

Particularités

Le poids idéal se situe entre 3,5 et 4 kg. L'animal doit au moins peser 2,5 kg.

Satin feu

Origine
C'est en Amérique du Nord, vers 1930, que cette race naquit spontanément dans une portée de lapins havane : un lapereau avait immédiatement frappé par la douceur et la finesse d'une fourrure qui brillait comme de la soie. Le premier satin est donc le résultat d'une mutation de la structure du pelage de havane.

Répartition
Dans toute l'Europe, mais encore assez rare.

Caractéristiques de la race
La couleur du pelage de surface est d'un roux si soutenu et brillant qu'il en devient exceptionnel comparé aux teintes des races rousses communes. Les bajoues, les contours des yeux, la face intérieure des pattes et le dessous de la queue sont dans des tons crème, tandis que le ventre est nettement plus clair et mat que le reste de la robe. Ce phénotype a les yeux marron.

Couleurs
Cette race n'existe que dans ces teintes et avec l'iris marron.

Conditions de vie
Les clapiers, individuels, devraient impérativement obéir aux normes fixées par la SPA et être conformes à la taille des races moyennes.

Particularités
Le poids idéal se situe entre 3,5 et 4 kg. L'animal doit au moins peser 2,5 kg.

Nain satin

Origine
Incertaine. Certaines sources évoquent la ville de Pendleton, dans le Kentucky.

Répartition
Véritable coqueluche des gens qui souhaitent avoir un lapin chez eux. En Europe, les élevages n'en sont encore qu'aux premiers balbutiements.

Caractéristiques de la race
La couleur du pelage de surface est d'un roux si soutenu et brillant qu'il en devient exceptionnel comparé aux teintes des races rousses communes.

Couleurs
Par croisement avec d'autres races, on peut, en principe, obtenir n'importe quelle couleur (*voir* la couleur feu sur la photo ci-contre).

Conditions de vie
Les clapiers, individuels, devraient impérativement obéir aux normes fixées par la SPA et être conformes à la taille des races naines.

Particularités
Les normes pondérales sont les mêmes que pour les nains de couleur (*voir* pages 238-241).

Castorrex

Origine

Cette race, qui vient de France, est en fait le phénotype princeps de toutes les races de rex et de leurs formes naines ; le pelage du rex est survenu par mutation. Les poils recteurs, qui sont normalement les plus durs et les plus longs parmi les trois sortes de poils, n'émergent pratiquement pas, ici, du pelage de surface.

Répartition

Ces rex sont fort répandus partout, et ce dans toutes les couleurs et tailles possibles et imaginables.

Caractéristiques de la race

Ce sont ici les poils courts qui sont phénotypiques, ainsi que l'intensité de la couleur garenne, cette dernière étant rehaussée par la brillance du pelage rex. La couleur de surface est le siège d'effets moirés dus aux teintes des couches profondes et moyennes de la fourrure, le tout faisant penser à une châtaigne qu'on viendrait d'éplucher.

Couleurs

Chaque rex est une race à part entière, sa couleur ne représentant nullement une variation.

Conditions de vie

Les clapiers, individuels, doivent être conformes à la taille des races moyennes.

Particularités

Le poids idéal du castorrex se situe entre 3,5 et 4,5 kg, et il ne doit pas peser moins de 2,5 kg.

LOH REX

Origine

Cette race vient de France. Sa caractéristique essentielle réside dans le fait que ces lapins sont à poils très courts, mesurant, selon les races, de 17 à 20 mm à peine. Ils sont pratiquement « en brosse », et on arrive à deviner la charpente osseuse à travers eux. Le corps de toutes ces races est légèrement allongé.

Répartition

Ces rex sont fort répandus partout, et ce dans toutes les couleurs et tailles possibles et imaginables.

Caractéristiques de la race

Ce qui fait la teinte loh tranche nettement sur la couleur du pelage de surface ; ce contraste est encore souligné du fait de la « coupe en brosse ». On n'a pas cet effet dans le cas des lapins loh dont le pelage est normalement long.

Couleurs

Noir, bleu, havane, feh (*voir* le loh rex bleu sur la photo ci-contre).

Conditions de vie

Les clapiers, individuels, doivent être conformes à la taille des races moyennes.

Particularités

Le poids idéal se situe entre 3 et 4 kg.

Feh rex

Origine

Si ce lapin est, au départ, issu d'élevages français, personne ne peut dire avec certitude d'où proviennent les différentes couleurs ou races qu'il a engendrées.

Répartition

Ces rex sont fort répandus partout, et ce dans toutes les couleurs et tailles possibles et imaginables.

Caractéristiques de la race

Ce qui distingue avant tout ce phénotype, ce sont les poils courts et la couleur de surface, un bleu clair aux reflets délicats ; cette teinte se voit agrémentée d'effets moirés tirant sur le brun. Pour la présente race, le pendant à pelage normal est le feh de Marbourg.

Couleurs

Chaque rex est une race à part entière, sa couleur ne représentant nullement une variation.

Conditions de vie

Les clapiers, individuels, doivent être conformes à la taille des races moyennes.

Particularités

Le poids idéal se situe entre 3 et 4 kg ; il n'a cependant valeur que de fil conducteur pour qui vise des prix ou un affinement de la race.

Dalmatien rex

Origine
Cette race est, au départ, issue d'élevages français.

Répartition
Les rex sont répandus partout, et ce dans toutes les couleurs et tailles possibles et imaginables.

Caractéristiques de la race
Les dessins de la robe constituent ici le phénotype d'une race à poils courts comptant un grand nombre de représentants.

Couleurs
Chaque rex est une race à part entière, sa couleur ne représentant nullement une variation.

Conditions de vie
Les clapiers, individuels, doivent être conformes à la taille des races moyennes.

Particularités
Le poids idéal se situe entre 3,5 et 4,5 kg.

REX NAIN BRUN ZIBELINE

Origine
L'élevage sélectif de cette race remonte à 1960 environ. Il semblerait que dans chaque pays on poursuive les expériences en matière de coloris.

Répartition
En Europe en général et peut-être bien dans le monde entier.

Caractéristiques de la race
Le phénotype se distingue par son nanisme, la structure de son pelage et le dessin de sa robe. Sa spécificité est un poil très ras, d'une longueur comprise entre 14 et 17 mm, hirsute, qui fait que cette fourrure rappelle celle d'une taupe.

Couleurs
À l'heure actuelle, seize couleurs sont agréées.

Conditions de vie
Les clapiers, individuels, doivent être conformes à la taille des races naines.

Particularités
Le poids idéal de tous les rex se situe entre 1,2 et 1,4 kg. Ils doivent peser au minimum 1 kg.

Rex nain noir

Origine
L'élevage sélectif de cette race remonte à 1960 environ. Il semblerait que dans chaque pays on poursuive les expériences en matière de coloris.

Répartition
En Europe en général et peut-être bien dans le monde entier.

Caractéristiques de la race
Le phénotype se distingue par un corps à l'aspect de boule, la longueur des oreilles, la nature et la structure de son pelage, ainsi que le dessin de sa robe. Sa spécificité est un poil très ras, d'une longueur comprise entre 14 et 17 mm, hirsute, qui fait que cette fourrure rappelle celle d'une taupe.

Couleurs
À l'heure actuelle, seize couleurs sont agréées.

Conditions de vie
Les clapiers, individuels, doivent être conformes à la taille des races naines.

Particularités
Le poids idéal de tous les rex se situe entre 1,2 et 1,4 kg. Ils doivent peser au minimum 1 kg.

REX NAIN COULEUR CASTOR

Origine

L'élevage sélectif de cette race remonte à 1960 environ. Il semblerait que dans chaque pays on poursuive les expériences en matière de coloris.

Répartition

En Europe en général et peut-être bien dans le monde entier.

Caractéristiques de la race

Le phénotype se distingue par son nanisme, la structure de son pelage et le dessin de sa robe. Sa spécificité est un poil très ras, d'une longueur comprise entre 14 et 17 mm, hirsute, qui fait que cette fourrure rappelle celle d'une taupe.

Couleurs

À l'heure actuelle, seize couleurs sont agréés.

Conditions de vie

Les clapiers, individuels, doivent être conformes à la taille des races naines.

Particularités

Le poids idéal de tous les rex se situe entre 1,2 et 1,4 kg. Ils doivent peser au minimum 1 kg.

Angora blanc

Origine

On connaît cette race de lapins à poils longs depuis le XVe siècle en Angleterre. À l'époque, beaucoup de ces animaux étaient plutôt de couleur.

Répartition

Ces lapins sont appréciés et répandus, mais leur élevage est plutôt le fait de passionnés. Leurs sélections favorisent surtout les albinos.

Caractéristiques de la race

La toison laineuse est très fournie et à croissance constante ; notons sur la tête, les oreilles et les pattes, des houppettes.

Couleurs

Les différentes couleurs de robe peuvent s'accompagner d'yeux soit rouges soit bleus.

Conditions de vie

La détention de ces animaux et les soins qu'on leur prodigue exigent des connaissances pointues. Le clapier doit être vaste ; certains éleveurs préfèrent les claies à la paille, pour éviter que cette dernière se retrouve sous forme de brindilles dans la fourrure du lapin. Il est impératif de procéder régulièrement à la tonte des animaux.

Particularités

Le poids idéal se situe entre 3,5 et 5,25 kg. Les critères essentiels à respecter sont, outre les spécificités de la race, la taille, la forme du corps, la densité et la croissance de son pelage, le fait de savoir s'il est crépu et dans quelle mesure, s'il n'a pas tendance à s'emmêler, etc.

ANGORA DE COULEUR

Origine

Cette race est peu représentée en Allemagne depuis le XXe siècle ; pourtant, vers 1900, on connaissait la version « couleur à poils longs ». Il est vraisemblable qu'à l'époque on n'ait pas attaché trop d'importance à la pureté génétique.

Répartition

Plutôt rare.

Caractéristiques de la race

Comme pour les angoras blancs, mais la couleur représente ici un phénotype.

Couleurs

Toutes les couleurs pures que l'on rencontre chez les races à pelage normal (*voir* le noir, sur la photo ci-contre).

Conditions de vie

Comme pour les angoras blancs, il est impératif de procéder régulièrement à leur tonte : c'est là une garantie de santé et de propreté.

Particularités

Le poids idéal se situe entre 3,5 et 5,25 kg. Les lapereaux ont immédiatement leur couleur phénotypique, mais il faut attendre que leur fourrure ait poussé pour voir leur apparence se transformer ; il est à noter que les parties à poils courts demeureront plus sombres.

Nain angora blanc

Origine
On admet que cette race vienne de Belgique.

Répartition
Race homologuée dans toute l'Europe, où elle figure au Standard. Aucune recherche n'a été faite quant à sa fréquence et à sa répartition.

Caractéristiques de la race
Ces petits animaux à poils longs ont une allure ramassée ; les poils font environ 5 cm de longueur. Comme pour les grands angoras, la couleur fait ici partie intégrante du phénotype, et de la note lors des concours. La présence de houppettes est un critère de beauté.

Couleurs
Voici ce qu'autorise le Standard européen : le blanc (yeux rouges ou bleus), le noir, le bleu, le paille et le havane.

Conditions de vie
Comme pour les grands angoras, bien qu'il vaille mieux prévoir un clapier plus vaste pour ce nain.

Particularités
En général, les avis divergent quant au poids à exiger pour ces nains, même si c'est le Standard européen qui prévaut ici, à savoir que leur poids idéal se situe entre 1,45 et 1,75 kg et qu'ils ne devraient pas peser moins de 1,1 kg.

NAIN ANGORA COULEUR PAILLE

Origine
On admet que cette race vienne de Belgique.

Répartition
Race homologuée dans toute l'Europe, où elle figure au Standard. Aucune recherche n'a été faite quant à sa fréquence et à sa répartition.

Caractéristiques de la race
Ces petits animaux à poils longs ont une allure ramassée ; les poils font environ 5 cm de longueur. Comme pour les grands angoras, la couleur fait ici partie intégrante du phénotype, et de la note lors des concours. La présence de houppettes est un critère de beauté.

Couleurs
Voici ce qu'autorise le Standard européen : le blanc (yeux rouges ou bleus), le noir, le bleu, le paille et le havane.

Conditions de vie
Comme pour les grands angoras, bien qu'il vaille mieux prévoir un clapier plus vaste pour ce nain.

Particularités
En général, les avis divergent quant au poids à exiger pour ces nains, même si c'est le Standard européen qui prévaut ici, à savoir que leur poids idéal se situe entre 1,45 et 1,75 kg et qu'ils ne devraient pas peser moins de 1,1 kg.

NAIN ANGORA GRIS GARENNE

Origine

Cette race vient de Belgique ; il est vraisemblable que, dans nombre de pays, lors des sélections, on teste de nouvelles couleurs de robe.

Répartition

Aux Pays-Bas, mais on ignore si la race est répandue ailleurs.

Caractéristiques de la race

La fourrure est très dense, longue et ondulée. La teinte gris garenne clair est une variante du noir garenne dont sous-poil et pelage ventral devraient, conformément au canon, être d'un bleu soutenu.

Couleurs

Le Standard européen en autorise toutes sortes de variantes.

Conditions de vie

Comme pour les grands angoras, bien qu'il vaille mieux prévoir un clapier plus vaste pour ce nain.

Particularités

En général, les avis divergent quant au poids à exiger pour ces nains, même si c'est le Standard européen qui prévaut ici, à savoir que leur poids idéal se situe entre 1,45 et 1,75 kg et qu'ils ne devraient pas peser moins de 1,1 kg.

Renard blanc

Origine

Cette race est née la même décennie à Coburg, en Allemagne (en 1920) et à Zug, en Suisse (en 1928).

Répartition

On voit souvent ces lapins renards blancs à yeux rouges ou bleus, tandis que les races de couleur sont plutôt rares.

Caractéristiques de la race

Ce phénotype se distingue avant tout par sa couleur et la texture de ses longs poils : le pelage est lisse et la longueur de poil oscille entre 5 et 6 cm.

Couleurs

Toutes les teintes pures rencontrées chez les races à pelage ordinaire sont possibles ici, même avec des reflets argentés.

Conditions de vie

Il faut à ces lapins un habitat vaste et propre, conforme aux exigences d'une race moyenne ; point n'est besoin de tondre ces renards, et lorsqu'ils sont à yeux rouges, il faut prévoir une bonne protection solaire autour de la cage.

Particularités

Le poids idéal se situe entre 3 et 4 kg. Au moment de la mue, il serait charitable d'aider les lapereaux à se débarrasser de la bourre emmêlée qui a tendance à se former facilement au niveau de leurs cuisses et de leur aine.

Renard chin

Origine

Cette race est née la même décennie à Coburg, en Allemagne (en 1920) et à Zug, en Suisse (en 1928).

Répartition

Les races de couleur sont plutôt rares chez les renards.

Caractéristiques de la race

Ce long pelage, plus riche en poils recteurs que chez les angoras, est soumis à une mue périodique, comme c'est d'ailleurs le cas chez les lapins à fourrure ordinaire. Les poils sont de texture lisse et leur longueur oscille entre 5 et 6 cm.

Couleurs

Toutes les teintes pures rencontrées chez les races à pelage ordinaire sont possibles ici, même avec des reflets argentés.

Conditions de vie

Il faut à ces lapins un habitat vaste, propre et conforme aux exigences d'une race moyenne ; comme les ultraviolets décolorent le pelage, il faut prévoir une bonne protection solaire autour de la cage.

Particularités

Les lapereaux de couleur commencent par avoir la riche teinte du phénotype à poil ordinaire dont ils sont originaires, à savoir les chinchillas ; en grandissant, ils voient leur couleur de surface s'éclaircir sous l'effet de la prolifération des poils longs.

RENARD NAIN BLANC

Origine
Cette race a été homologuée dès 1980 en ex-RDA, tandis qu'il a fallu attendre 1985 en Allemagne de l'Ouest ; les sélections qui y avaient abouti visaient à créer un lapin nain à poils longs, et dont les caractéristiques étaient celles de l'hermine.

Répartition
Voici une créature, qu'elle soit à yeux rouges ou bleus, qu'on a souvent l'occasion de voir lors de foires-expositions.

Caractéristiques de la race
Notons une fourrure aux longs poils brillants mesurant de 3,5 à 5 cm, l'ensemble étant riche en poils recteurs : la texture n'en est pas ondulée, et la tête, les oreilles et les pattes sont recouvertes d'un pelage ordinaire. L'idéal, pour les oreilles d'un tel nain, est une longueur d'environ 5,5 cm.

Couleurs
Noir, havane ou couleur feh en Allemagne, tandis qu'au Standard européen ne sont consignés que le blanc (yeux rouges ou bleus) et le havane.

Conditions de vie
Comme pour le lapin hermine (*voir* à partir de la page 234).

Particularités
Le poids idéal se situe entre 1,1 et 1,35 kg. Le lapin ne doit pas excéder les 1,5 kg.

Renard couleur feh

Origine

Cette race a été homologuée dès 1980 en ex-RDA, tandis qu'il a fallu attendre 1985 en Allemagne de l'Ouest.

Répartition

Ce phénotype est encore relativement rare, et les représentants qu'on a l'occasion de voir lors de foires-expositions proviennent d'élevages de qualité.

Caractéristiques de la race

Comme pour les renards nains blancs. Notons que la couleur est un trait essentiel de ce phénotype.

Couleurs

Noir, havane ou couleur feh en Allemagne, tandis qu'au Standard européen ne sont consignés que le blanc (yeux rouges ou bleus) et le havane.

Conditions de vie

Il faut à ces lapins un clapier vaste et propre, conforme aux exigences d'une race naine ; comme les ultraviolets décolorent le pelage, il faut prévoir une bonne protection solaire autour de la cage. Il n'est pas nécessaire de tondre l'animal.

Particularités

Le poids idéal se situe entre 1,1 et 1,35 kg. Le lapin ne doit pas excéder les 1,5 kg.

JAMORA COULEUR ARLEQUIN

Origine

Cette race vient d'Allemagne. L'objectif de son créateur, l'éleveur Bernhard Thimm, était d'obtenir par sélection un mini angora « japonisant » qui puisse servir de nounours à des enfants. La race a été homologuée en 1994.

Répartition

En Allemagne.

Caractéristiques de la race

La spécificité réside ici dans la texture angora de ses longs poils, ainsi que dans le côté polychrome (« arlequin ») d'un animal dont on veut que les couleurs soient réparties comme chez le japonais ; la tête, les oreilles et les pattes sont à poils courts et plus sombres que le reste du pelage.

Couleurs

Il n'existe qu'une variante : noir et paille.

Conditions de vie

Il faut à ces lapins un clapier vaste et propre, conforme aux exigences d'une race naine. Il n'est pas nécessaire de tondre l'animal.

Particularités

Le poids idéal se situe entre 2 et 2,5 kg. Les lapereaux commencent par présenter des nuances noir et paille très prononcées. Plus ils grandissent, plus leur pelage s'éclaircit.

Index